AF346544

UNE ERREUR

JURIDIQUE

PAR

François-Joseph **FRAISSE**

Généalogiste

1902

UNE

ERREUR JURIDIQUE

FRAISSE contre le TRÉSOR PUBLIC

AFFAIRE GRAISSESSAC-BÉZIERS

MÉMOIRE

AVEC PREUVES A L'APPUI

PIÈCE FAUSSE

FAIT NOUVEAU

ERREUR COMMISE PAR LES JUGES DU FAIT

Requête Civile

PRÉFACE

Il y a quatre ans à peine, un honnête citoyen français a été victime d'une erreur juridique sans précédent peut-être jusqu'à ce moment et au sujet de laquelle il forme aujourd'hui une instance en requête civile et en inscription de faux contre l'État français.

Mais avant de poursuivre, nous tenons à dire tout d'abord, à affirmer du plus profond du cœur que, si nous sommes en désaccord avec le Gouvernement, représenté dans l'espèce par le Ministre des Finances, il n'est jamais entré dans notre pensée de soupçonner sa bonne foi. Nous ne pouvons admettre une seule minute, chez un des plus hauts représentants de la France, la malveillance volontaire. Nous avons l'absolue conviction qu'il a été induit en erreur. Par qui? Par un des principaux fonctionnaires de son département? Non, certes. Ceux qui approchent le Ministre ont, à son exemple, une trop fière idée de leur devoir, une trop complète intelligence de leur rôle, pour faire le moindre tort injuste à un particulier. C'est dans la veulerie d'un agent subalterne, dans la paresse d'un obscur employé, qu'il faudrait chercher la culpabilité. Rebuté à l'avance du long et pénible travail que lui imposait la vérité, ce malheureux a, d'un trait de plume, supprimé la difficulté et terminé sa besogne! L'auteur inconnu, probablement introuvable, de la falsification, n'a certainement même pas eu conscience qu'il commettait un crime, ne s'est nullement douté des désastres que sa trop habile négligence pourrait engendrer. S'il avait songé que, pour se rendre libre un peu plus tôt ce jour-là, il risquait de plonger des familles dans la misère, il n'aurait jamais accompli son acte. Mais humble rouage, il n'a pas réfléchi, il ne s'est pas rendu compte de la lourde responsa-

bilité qu'il encourait et faisait encourir à son chef en le trompant. Et la main a trahi la tête! Pardonnons à ce faible d'esprit; mais que son œuvre néfaste ne porte pas ses mauvais fruits!

Le travail qui va suivre a pour but de mettre tous les points de la question en pleine lumière. Il est uniquement basé sur les documents produits par l'État lui-même. Ces documents sont joints au présent exposé, portant chacun un numéro d'ordre qui permet de s'y référer à volonté. Pouvant ainsi être facilement rapprochés de notre argumentation, ils constituent pour nous de véritables pièces justificatives et sont les témoins sans passion du fait nouveau que nous apportons.

Mais résumons rapidement l'affaire:

Dans un moment d'embarras et de gêne, au moyen d'une loi nouvelle (loi de finances du 16 avril 1895) l'État s'est approprié toutes les sommes déposées à quelque titre que ce fût à la Caisse de Dépôts et Consignations depuis plus de trente ans.

Parmi ces sommes se trouvait une consignation effectuée à Béziers en 1866 pour le compte et au nom de la Compagnie du chemin de fer de Graissessac à Béziers qui avait été mise en faillite, et s'élevant en principal et intérêts en une somme de 347.183 fr. 02.

Le séquestre de cette Société en faillite fonctionnait à Béziers, indépendamment des syndics qui étaient à Paris, où la faillite s'était ouverte.

L'État était créancier de la Compagnie en faillite pour avances faites au séquestre en une somme de 358.392 fr. 68.

Déboursés, par l'État, pour la Compagnie		839.958 31
Au 15 février 1866, premier remboursement par la Compagnie à l'État . . .	481.565 63	
Au 30 octobre 1866. deuxième remboursement, **pour solde de la créance**	358.392 68	
Total égal	839.958 31	839.958 81

Sur ces entrefaites la ligne Graissessac-Béziers fut achetée par la Compagnie des Chemins de fer du Midi. L'État ayant sous la main les 16 millions représentant le prix de cet achat, vit donc sa créance en sûreté, car elle était privilégiée. Le séquestre considéra dès lors sa mission comme terminée et demanda à être relevé de ses fonctions. Il sollicitait en même temps de son chef le Ministre des Travaux Publics, et obtint à la date du 31 janvier 1865, l'autorisation de verser dorénavant à la Caisse des Dépôts et Consignations le reliquat des recettes provenant ou à provenir dudit chemin de fer. C'est alors qu'il versa à la Caisse des Dépôts et Consignations, en 5 versements, du 7 février au 15 mai 1866, une somme totale de 185.373 fr. 47.

Cela se passait à Béziers. Les syndics, à Paris, ne furent pas prévenus du dépôt, et par suite ne purent en répartir ultérieurement le montant entre les créanciers.

Cette somme resta à la Caisse des Dépôts et Consignations de Béziers pendant trente ans, ignorée de tout le monde, à l'exception toutefois du préposé qui fit maintes démarches pour découvrir les ayants droit. Il a fallu la loi des Finances de 1895 pour la faire connaître aux créanciers de la faillite, et c'est ainsi que M. Fraisse, généalogiste, demeurant alors à Montpellier, actionnaire et créancier en même temps de ladite Compagnie a pu demander l'attribution à son profit de partie de ces fonds au moyen d'une distribution par contribution.

L'État n'a jamais su l'existence de cette somme à la Caisse des Dépôts et Consignations jusqu'en juin 1897. Il a fallu les oppositions de Fraisse pour la lui révéler.

C'est alors cependant qu'il émit la prétention de saisir ces fonds comme lui appartenant, et c'est au cours du procès qui s'ensuivit que fut produite, en copie seulement, la pièce que Fraisse incrimine aujourd'hui.

Nous avons vainement demandé à voir l'original de ce document; ce n'est donc pas sur sa matérialité que nous pourrons discuter, tant que nous n'aurons pas obtenu qu'il nous soit présenté. Mais nous prouverons que, si elle existe, cette pièce est entachée de faux; en montrant que l'ensemble de toutes les circonstances du litige se trouve en contradiction avec elle. Sa réalité détrui-

rait l'harmonie des autres pièces apportées au même débat. L'astronome
Leverrier n'avait pas eu besoin de voir la planète Neptune, jusqu'alors insoup-
çonnée; le trouble des astres voisins lui fit dire: là, il y a une planète. Ainsi
le trouble qu'apporte dans les autres documents cet original de nous inconnu
nous fait dire: là, il y a un faux.

Paris, le 15 Octobre 1902.

F.-J. FRAISSE

Généalogiste

2, Place du Theatre-Français

PARIS

———:———

A

Monsieur le Ministre des Finances

MONSIEUR LE MINISTRE,

J'ai l'honneur d'appeler respectueusement votre attention sur un fait à peine croyable, et pourtant certain, qui mérite votre examen le plus approfondi et demande toute votre justice, car il intéresse l'honneur même du département que vous dirigez.

L'État, créancier d'une compagnie de chemin de fer en faillite, avait été complètement désintéressé dès 1866 : il l'avait reconnu par un reçu pour solde. Trente ans se passèrent. La loi du 16 avril 1895 le mit en possession de fonds, déposés à la Caisse de Dépôts et Consignations, appartenant aux autres créanciers de cette compagnie, mais ignorés d'eux jusqu'alors, et quand ceux-ci, prévenus enfin, réclamèrent leur bien, principal et intérêts, rien n'en existait déjà plus.

C'est alors que fut commis l'acte coupable que je porte aujourd'hui à votre connaissance. Le Trésor ne pouvait restituer une somme importante qui avait reçu indûment une nouvelle affectation, prétendit l'avoir encaissée à juste droit, comme étant sa propriété légitime. Mais il fallait prouver cette affirmation : une pièce fut falsifiée.

Cette pièce, c'est l'avis de la Commission nommée pour vérifier la liquidation des dépenses et recettes faites pendant le séquestre du chemin de fer de Graissessac à Béziers et qui data son travail du 6 juillet 1866.

C'est sur copie de cette pièce, dont il me fut impossible de me faire présenter l'original, même en justice, que je fus débouté de ma demande en première instance, le 2 juillet 1898; en appel, le 17 juillet 1899; en cassation, le 2 janvier 1901.

Je ne pouvais pourtant comprendre la raison de ces échecs successifs, tant l'ensemble des documents prouvait victorieusement mon droit. Seule, cette

copie de la Commission pouvait sembler me donner tort ; mais, par cela même,
elle se trouvait en complet désaccord avec toutes les autres pièces. Il y avait là
un point obscur.

La vérité tout entière m'apparut le 6 septembre 1902, jour où je pus prendre
copie de la Reddition de comptes des syndics de la faillite, du 1er août 1868, au
greffe du Tribunal de Commerce de la Seine.

Ce fut une révélation. Un document condamnait l'autre. Celui que j'avais
sous les yeux était manifestement véridique ; donc l'autre, ou tout au moins sa
copie, constituait un faux.

Mon désastre n'était donc pas dû à une interprétation erronée de la cause,
par suite de preuves insuffisantes ; non : il était le résultat d'une manœuvre
criminelle.

Dans un débat où j'apportais toute mon honnêteté, toute ma véracité,
j'avais été frappé traîtreusement par un adversaire à qui je ne devais supposer que la plus infaillible loyauté, par l'État !

Une telle découverte me porta un coup terrible. Je pourrais fournir l'attes-
tation de la très grave secousse que je ressentis et dont ma santé est encore
fortement ébranlée.

Cependant la réflexion vint à mon aide : je me dis qu'il était réellement
impossible et injuste d'accuser certaines personnalités d'une action aussi
dégradante que celle dont j'avais été victime, qu'à certaines situations très
hautes ne peuvent correspondre que des âmes élevées, que le contradicteur
que j'avais trouvé en face de moi, avant de tromper les juges, avait lui-même
été trompé d'abord, et que l'infamie n'avait pu partir que de bas, comme tout
ce qui est vil et odieux.

C'est pourquoi je viens m'adresser à vous, Monsieur le Ministre, en
mettant sous vos yeux la démonstration d'une culpabilité que je vous dénonce.
Instruit dès à présent d'un fait de la plus douloureuse gravité, qui entacherait
le département que vous représentez si justice n'était faite, vous serez à même
de rechercher l'agent qui a fait encourir à son chef une si lourde responsabilité.

Mais, avant tout, vous ne voudrez pas que le bénéfice de la faute reste
acquis à l'administration dont vous êtes la tête et vous reconnaîtrez le bien
fondé de ma demande, formulée par moi le 26 janvier 1898, confirmée le 2 mars
suivant, et à laquelle le Ministre des finances ne s'était opposé que parce qu'il
croyait pouvoir s'appuyer sur la pièce dont je vous découvre aujourd'hui la
fausseté.

Vous ne voudrez pas, Monsieur le Ministre, causer un préjudice immense à un simple particulier, à un excellent français qui fait appel à vous en comptant sur votre équité et qui attend de votre loyauté la réparation des effets d'un acte criminel dont la consécration plongerait toute une famille dans le désespoir.

Il me reste à appeler tout spécialement votre attention sur l'intérêt que vous avez à examiner par vous-même l'exposé que j'ai l'honneur de vous soumettre. L'auteur du faux est sans doute encore en fonctions, et vous jugez quel puissant mobile le pousserait à tenter de vous trahir, comme il a déjà trahi l'un de vos prédécesseurs.

Permettez-moi, en terminant, Monsieur le Ministre, de vous dire respectueusement l'extrême urgence pour moi de savoir votre réponse dans un délai très rapproché. Je suis, en effet, dans la nécessité absolue d'être fixé sur la suite que vous voudrez bien donner à ma requête avant le 6 novembre 1902, sous peine de me voir déchu de mes droits.

Veuillez agréer, Monsieur le Ministre, l'assurance de ma haute considération.

Signé : FRAISSE.

Imp. Vve J. DENOLLE, 2 et 4, passage Véro-Dodat.

AFFAIRE FRAISSE

CONTRE LE TRÉSOR PUBLIC

MÉMOIRE

I

À la date du 27 mars 1852, un décret impérial a concédé le chemin de fer de Graissessac à Béziers à une Compagnie autorisée par un second décret du 20 février 1853, à se constituer en Société anonyme au capital de 18 millions.

Plus tard, cette Compagnie a contracté divers emprunts formant un total de 15.300.000 francs, en 61.200 obligations.

Le 12 mai 1858, un troisième décret, motivé sur l'impossibilité de pourvoir à l'exploitation du chemin de fer, l'a placé sous séquestre et en a transmis l'exploitation et l'administration au Ministre des Travaux publics, lequel devait pourvoir en outre à la continuation et à l'achèvement des travaux.

Malgré ce séquestre, un jugement du tribunal de commerce de la Seine, en date du 21 février 1861, a déclaré ladite Compagnie en état de faillite; et, à la date des 17 mai et 26 juin de la même année, deux autres jugements ont nommé les syndics définitifs de la faillite.

Sur appel, il est intervenu le 21 juillet 1861 un arrêt confirmatif de la Cour de Paris; sur pourvoi, la Cour de Cassation a rendu le 14 juillet 1862 un arrêt de rejet portant : « que la mise en séquestre n'était qu'une mesure pro-
« visoire qui n'emportait ni confiscation ni déchéance, qu'elle n'atteignait que
« l'administration du chemin, qu'elle faisait passer pour un certain temps
« entre les mains de l'État et laissait entier le droit résultant pour la Compa-
« gnie de la concession à elle faite, que ce droit, quel qu'en fût la nature,
« constituait pour elle une propriété qui formait le gage des créanciers; qu'en-
« fin les porteurs d'obligations étaient de véritables créanciers de ladite Com-
« pagnie.. » (D. P. 62 — 1 — 518).

Cette faillite s'est terminée par l'union des créanciers, prononcée à la date du 30 octobre 1863. La reddition des comptes a eu lieu le 1ᵉʳ septembre 1867.

Un décret du 13 août 1858 avait ouvert au Ministère de l'Agriculture, du Commerce et des Travaux publics un crédit de 940.000 francs, applicable aux dépenses à faire tant pour l'achèvement des travaux du chemin de fer, que pour son exploitation; la partie de ce crédit utilisée n'était versée qu'à titre d'avance et le remboursement devait s'en opérer par privilège, conformément aux lois sur les produits nets ultérieurs de l'entreprise et sur toutes autres ressources de la Compagnie (Art. 2 dudit décret du 13 août 1858).

Le crédit de 940.000 francs ouvert au Ministère des Travaux publics n'a pas été épuisé (Voir rapport et comptes des syndics et du séquestre).

Les avances faites par l'État se sont élevées à la somme de   839.958 fr. 31

D'autre part, il a été versé au Trésor, des mains du séquestre, les produits nets de l'exploitation pendant la deuxième période, qui s'élevaient à la somme de (pièce nᵒ 4, page 3) ...... 481.565 fr. 6

Différence .... 358.392. fr. 68

en faveur du séquestre. Il résulte du rapport et des comptes détaillés des syndics que cette somme a été versée à l'État le 30 octobre 1866 et quittance définitive et pour solde leur a été donnée par le Trésor (pièce nᵒ 4, page 9.)

Un décret du 23 décembre 1865 a incorporé définitivement la ligne de Graissessac à Béziers à la Compagnie du Midi qui l'avait rachetée après arbitrage, moyennant le prix de 16 millions.

Le séquestre avait commencé le 12 mai 1858 et a pris fin le 15 février 1866. Les syndics déclarent dans leur rapport du 1ᵉʳ août 1868, page 6, que : « En vertu d'une dépêche ministérielle du 23 janvier 1866 M. Moffre, administrateur du séquestre, « a, à la date du 15 février, cessé son service et remis la « ligne à la Compagnie du Midi, en présence des syndics. »

Dérogeant à la pratique invariablement suivie pour la période antérieure, qui consistait à verser au Trésor, *dans les Caisses de l'État*, les recettes dudit chemin de fer, M. le Ministre des Travaux publics, à la date du 31 janvier 1866, invitait le séquestre à verser à la Caisse des Dépôts et Consignations les sommes provenant ou à provenir de l'exploitation dudit chemin de fer, en précisant qu'il serait toutefois spécifié dans les récépissés qui seraient remis audit séquestre, que les-dites sommes étaient versées à titre de dépôt et pour être attribuées ultérieurement à qui de droit (pièce nᵒ 14).

C'est en vertu de cette ordonnance ministérielle du 31 janvier 1866 que le séquestre a versé à titre de *consignation* au préposé de la Caisse des Dépôts et Consignations de Béziers les 7 février, 24 février, 3 mars, 10 avril et 15 mai 1866, la somme totale de 185.373 fr. 47, provenant des fonds, est il dit sur le registre des déclarations de versements, de la Compagnie du Chemin de fer de Graissessac à Béziers (pièces n°ˢ 5 et 6).

Ce compte ouvert à cette Compagnie n'a fait l'objet d'aucun virement, il est resté tel quel depuis 1866 jusqu'au 20 mai 1896, date de la première opposition de Fraisse, porteur d'obligations.

Jamais, à aucune époque la Caisse des Dépôts n'a connu d'autres ayants droit aux sommes consignées, que la Compagnie du chemin de fer. C'est ainsi que, ces sommes tombant sous l'application de l'art. 43 de la loi de Finances du 16 avril 1895, la Caisse des Dépôts et Consignations a recherché uniquement, soit par des lettres recommandées, soit par des insertions à l'*Officiel*, soit même par des démarches particulières du préposé, ladite Compagnie du chemin de fer de Graissessac à Béziers, ou les ayants droit à ces sommes (pièce n° 9), tandis que si le Trésor avait eu des droits sur cette somme, le préposé de la Caisse, qui est en même temps le Comptable du Trésor, n'aurait point recherché les ayants droit, et le même Receveur des Finances, qui est en même temps le préposé de la Caisse des Dépôts et Consignations, n'aurait point reçu les oppositions de Fraisse et ne lui aurait point délivré les certificats de dépôts des sommes et des charges pour l'ouverture d'une distribution par contribution.

L'État n'a eu connaissance de cette somme déposée à la Caisse de Dépôts et Consignations qu'au mois de juin 1897 par une lettre du Directeur général de la Caisse des Dépôts et Consignations, l'informant que Fraisse, créancier de ladite Compagnie, demandait l'attribution de ces sommes à son profit.

Jusque-là l'État ignorait qu'il y eût à la Caisse des Dépôts et Consignations une somme de cette importance, tandis que, si cette somme eût été réellement la propriété de l'État, le compte de débet de l'Agence judiciaire du Trésor serait resté ouvert pendant plus de trente ans, et l'État aurait dû s'apercevoir pendant cette longue période qu'il avait un débet de 185.373 fr. 47; surtout qu'il résulte des termes mêmes de la lettre du Ministre des Travaux publics du 17 juin 1897, adressée au Directeur général de la Caisse des Dépôts et Consignations, que c'est par suite d'une omission que cette somme a été *oubliée*

— 4 —

à la Caisse des Dépôts et Consignations. L'art. 13 de la loi du 29 juin 1852 nous apprend « que, les débets définitivement constatés au profit du Trésor « par les divers ministères seront notifiés au ministère des Finances dans le « délai de 15 jours qui suivra la liquidation. » On conçoit difficilement un pareil oubli, qui aurait dû être réparé au plus tard dès le commencement de l'année 1867, étant donné les mesures d'ordre et de précaution, comme nous le verrons plus loin et à la page 11 relativement aux comptes de débets, les débets ne pouvant se solder que par un paiement intégral ou bien par une remise à titre gracieux, justifiée par un décret du Président de la République, publié au *Journal Officiel* rendu sur le rapport du Ministre liquidateur et sur l'avis du Ministre des Finances et du Conseil d'État.

Il est donc inadmissible que la Commission annuelle, composée de membres des deux Chambres, du Conseil d'État et de la Cour des Comptes, chargée d'examiner *les états de débets* (ordonnance de 1823) chaque année, ait pendant plus de trente ans, laissé ce déficit de 185.373 fr. 17 inaperçu; il est plus inadmissible encore que les mesures d'ordre et de contrôle réglées par la loi du 29 juin 1852, art. 13 (D. P. 52. 4 — 67, et par décret du 5 août 1882 (D. P. 83 — 4 — 48) aient laissé, pendant ce même laps de temps, subsister ce déficit.

II

Par un décret du 23 décembre 1865, ainsi que nous l'avons vu plus haut, la ligne de Graissessac à Béziers a été incorporée définitivement à la Compagnie du Midi, moyennant le prix de 16 millions. A partir de ce moment, le compte créditeur de la somme de **358.392** fr. **68**, due à l'État, n'avait plus sa raison d'exister, puisque cette somme devait être prélevée par privilège sur les 16 millions dus par la Compagnie du Midi.

Cela paraissait si vraisemblable, que le séquestre demandait aussitôt à son chef, le Ministre des Travaux publics, à qui il devrait verser à l'avenir le reliquat des sommes qui restaient à encaisser, puisque une somme de 16 millions se trouvait entre les mains de la Compagnie du Midi, pour faire face *à la créance* de l'État et au paiement du rachat de la ligne.

Le Ministre fut du même avis que le séquestre et, par sa lettre du 31 janvier 1866, il autorisait ce dernier à verser lesdites sommes à la Caisse des

Dépôts et Consignations, au lieu de les verser comme précédemment au Trésor, à titre de dépôt et pour être attribuées ultérieurement à qui de droit, ainsi que nous l'avons vu plus haut (pièce n° 11).

A partir de ce moment l'Etat s'est dessaisi de tous les gages qu'il avait en mains, y compris le cautionnement de 200.000 francs qui avait été versé à la Caisse des Dépôts et Consignations, en garantie des travaux et en exécution de l'art. 61 du décret de concession, du 27 mars 1852. Ce cautionnement a été en effet remboursé à MM. Prahau, Paul et Cie, banquiers à Londres, cessionnaires par suite d'une décision du Ministre des Travaux publics, en date du **1er Mars 1866,** bien que la totalité de ce cautionnement eût dû rester la propriété de l'Etat aux termes des art. 31 et 32 du Cahier des Charges, la Compagnie n'ayant pas satisfait aux conditions exigées.

Le fait du versement du reliquat des sommes à la Caisse des Dépôts et Consignations et non comme précédemment au Trésor, et le remboursement du cautionnement, qui constituait le premier gage de l'Etat, **prouvent surabondamment** son désintéressement.

L'Etat restait créancier **exactement** pour une somme de Fr. ... 358.392 68 créance reconnue et approuvée par les syndics, par la Commission spécialement nommée à l'effet de vérifier les comptes et enfin par le Directeur Général des Ponts et Chaussées et par le Ministre de l'Agriculture, du Commerce et des Travaux publics (pièces n° 1, 2, 3 et 4). « Quittance définitive, disent les syndics, nous a été donnée le 30 octobre 1866, moyennant le versement de pareille somme au Trésor. »

La somme de : 185.373 fr. 47, versée à la Caisse des Dépôts et Consignations sur les ordres du Ministre des Travaux publics s'est trouvée écartée de la liquidation et n'a pu y être comprise : 1°. — par les raisons qui précèdent; 2°. — parce que les syndics, ainsi que les membres des commissions, déclarent formellement dans leurs rapports, que les opérations de la liquidation portent exclusivement sur les dépenses et les recettes effectuées du 1er janvier 1858 au 14 février 1866, « que les dépenses se sont arrêtées à la « fin de l'année 1861 et s'élevaient à la somme totale de .... 839.958 fr. 31

Que les recettes ont commencé le 1er janvier 1862 et que leur produit net jusqu'au 14 février 1866, s'est élevé à la somme de .... 481.565 fr. 63

Différence en faveur du séquestre .... 358,392 fr. 68

3°. Et enfin parce que, si cette somme de 185.373 fr. 47, versée à la Caisse des Dépôts et Consignations, avait dû être réellement attribuée à l'Etat, les récépissés qui ont été délivrés au séquestre auraient dû être remis au Ministre des Travaux publics, tandis qu'on ne représente que les talons des dits récépissés qui restent en possession de la Caisse des Dépôts et Consignations, comme justification et à l'appui de la comptabilité.

Du rapport et des comptes des syndics, de l'avis de la commission, du rapport fait par M. de Franqueville à M. le Ministre des Travaux Publics et de l'ensemble des documents, il résulte que le total des dépenses de 1858 au 14 février 1866 s'est élevé à .... 4.906.989 fr. 65

Que les recettes pendant la même période de 1858 à 1866 se sont élevées à .... 4.548.596 fr. 97

Différence................. **358.392 fr. 68**

D'où il résulte que la créance de l'Etat était bien au 14 février 1866 de la somme de 358.392. 68 et non de 543.766. 15 comme le prétend le Trésor pièces nᵒˢ 1, 2, 3 et 4, du jour seulement où il découvre un reliquat de 185.373.47 à la Caisse de Dépôts

Il n'est pas admissible que, dans un compte aussi rempli de détails que celui des syndics, une opération de cette importance leur ait échappé, s'ils en avaient eu connaissance.

On voit figurer en recettes dans ce compte (pièce nᵒ 4) à la page 6 du document, une somme de 10.194 fr. 27 versée par la Compagnie du Midi pour intérêts à 4 °/₀ du 15 février au 30 octobre 1866, de la somme de 358.392 fr. 68 c'est-à-dire pour solde de la créance due à l'Etat.

A la date du 30 octobre 1866, page 9 du même document, on voit également figurer en dépenses cette même somme de 358.392 fr. 68 **pour solde du paiement de la créance due à l'Etat.**

Il est impossible d'admettre que les syndics aient donné en paiement à l'Etat la somme de 185.373 fr. 47 **sans la porter ni en recettes ni en dépenses.** Il suffira à peine de rappeler que, lors du versement de ces sommes à la Caisse des Dépôts et Consignations de Béziers, les 7, — 21 février, 3 mars 10 avril et 15 mai 1866, **la créance de l'Etat était déjà définitivement arrêtée depuis le 14 février 1866 à la somme de 358.392 fr. 68.**

S'il en était ainsi, l'Etat aurait reçu une somme de 185.373 fr. 47 en plus de celle qui lui était due, et en ce cas non seulement le compte de débet de la Compagnie du Chemin de fer de Graissessac à l'agence judiciaire du Trésor se serait trouvé soldé, mais la caisse du Trésor aurait eu un excédent de recettes de pareille somme, plus des intérêts produits.

De l'ensemble de tous les documents et des faits eux-mêmes depuis le commencement jusqu'à la fin, il ne ressort que le solde de 358.392 fr. 68 dont quittance définitive a été donnée aux syndics, moyennant le versement de pareille somme au Trésor (pages 9 du rapport et 7 et 9 du compte des syndics.)

Les fonctions du séquestre, aux termes de la lettre ministérielle du 31 janvier 1866, avaient fini en principe à partir de cette date ; les comptes ont été arrêtés définitivement le 14 février 1866, et le séquestre a cessé ses fonctions (page 6 du rapport des syndics). Le procès-verbal de la remise de la ligne et du matériel a été signé à Paris le 26 février 1866.

C'est là une des raisons pour lesquelles la somme de francs : 185.373.47 a été versée à la Caisse des Dépôts et Consignations et non au Trésor, comme précédemment, la créance de l'État étant alors garantie par la Compagnie du Midi.

Malgré toutes les hypothèses, on est forcé de reconnaître que le montant de la consignation de Francs : 185.373.47, n'a pas été compris dans l'état liquidatif des dépenses et des recettes vérifiées par la Commision précitée.

Que cela ressort jusqu'à la dernière évidence des considérations suivantes:

1° Que ladite Commission administrative déclare, dans son rapport, qu'elle s'est bornée à vérifier le compte des recettes et des dépenses présenté par M. L'Ingénieur MOFFRE, pour la deuxième période, du 1er janvier 1862 au 15 février 1866 ; que par suite il est impossible d'admettre que ce compte ait pu comprendre les francs 185.373.47, dont une grande partie n'a été consignée qu'aux dates des 21 février, 3 mars, 10 avril et 15 mai 1866.

2° Que la Commission administrative précitée, le rapport du 25 juillet 1866, la lettre des syndics du 6 octobre 1866, le compte des syndics du 18 juillet 1866, le rapport des mêmes syndics du 1er août 1868, constatent que la créance de l'État est de Francs, 358.392 68 c. alors que si la somme en litige consignée à la Caisse des Dépôts et Consignations eût été comprise dans ces comptes, **comme cette somme n'était pas versée au Trésor, la** créance de l'État eût été en réalité de Francs 543.766,15.

Que c'est bien ce chiffre qui, dans cette hypothèse, eût dû correspondre au **compte de débet** notifié à l'agent judiciaire du Trésor, en vertu des prescriptions de l'art. 13 du décret du 29 juin 1832, et, plus tard, lorsque la somme de francs 358.392 68 **a été payé à l'Etat à la date du 30 octobre 1866,** il eût dû, dans la même hypothèse, rester un solde de 185.373,47 au **compte de débet** ouvert sur la comptabilité de l'agent judiciaire du Trésor ; que, par contre, toujours dans la même hypothèse, le **compte de débet** ouvert, au Ministère des Finances, à la Compagnie du Chemin de fer de Graissessac à Béziers devrait considérer celle-ci comme débitrice, depuis le 30 octobre 1866 jusqu'à ce jour, de cette somme de Francs, 185.373,47, représentant le déficit par suite du non versement au Trésor, pendant plus de 30 ans, de cette somme oubliée à la Caisse des Dépôts et Consignations.

En raison des comptes mêmes du séquestre et des syndics, la créance de l'Etat s'élevait **exactement au 31 décembre 1861** à la somme de....839.958,31

Or, il a été versé au Trésor, savoir :

pour l'année 1862...................................... Fr. 163.940,95
pour l'année 1863...................................... Fr.   7.881,22
pour l'année 1864...................................... Fr. 24.370. »
pour l'année 1865...................................... Fr. 214.085,69
pour l'année 1866...................................... Fr. 71.277,77

Total............ 481.565 63

Cette somme diminuant d'autant la créance de l'Etat, il **ressort bien toujours le même solde de** 358.392 68

Nous appelons particulièrement l'attention (pièce n°ˢ 1 et 4) sur l'exercice de **l'année 1866,** pour lequel le séquestre a versé au Trésor Francs, 71.277,77 Cette somme comprend seulement les recettes nettes du mois de janvier 1866, mais ne comprend nullement la somme de Francs, 185.373,47 déposée à la Caisse des Dépôts et Consignations, sur ordonnance du Ministre des Travaux Publics, en 5 versements opérés du 7 février au 15 mai 1866, pour satisfaire à la lettre ministérielle du 31 janvier 1866.

III

Comme nous l'avons déjà dit : en exécution, des prescriptions de la lettre de M. le Ministre des Travaux Publics, en date du 31 janvier 1866, M. Martin, receveur du séquestre, sous la direction de M. Aynard, Ingénieur en Chef, a versé à la Caisse des Dépôts et Consignations de Béziers le montant des recettes provenant de l'exploitation du Chemin de fer de Graissessac à Béziers savoir :

Le 7 février 1866, par déclaration n° 164................... Fr. 120.000 »
Le 21 février 1866, par déclaration n° 1................... Fr.   30.000 »
Le 3 mars 1866, par déclaration n° 8................... Fr.   10.000 »
Le 10 avril 1866, par déclaration n° 18................... Fr.   23.000 »
Et le 15 mai 1866, par déclaration n° 30................... Fr.   2.373 47

Ensemble...................... 185.373 47

Tel est le sens du certificat délivré par le préposé à la Caisse des Dépôts et Consignations de Béziers le 22 décembre 1896 (pièce n° 5).

A la date du 8 septembre 1897, le même préposé a délivré à M° Cazals, avoué de Fraisse, le certificat de dépôt et d'opposition dont la teneur suit (pièce n° 6) :

« Certificat de Dépôts et d'opposition. »

« Consignation : Chemins de fer de Graissessac, Consignation ordonnée « par M. le Ministre de l'Agriculture, du Commerce et des Travaux Publics. »

...........Fr. 185.373.47 »

« Je soussigné, Receveur particulier des Finances de Béziers, préposé à « la Caisse des Dépôts et Consignations, certifie qu'il a été versé à ma Caisse « à **titre de consignation**, les 7 février, 21 février, 3 mars, 10 avril et « 15 mai 1866, la somme de Francs 185.373, 47, provenant d'une somme « appartenant **à la Compagnie du Chemin de Fer de Graissessac**, et consignée « en vertu d'une ordonnance de M. le Ministre de l'Agriculture, du Com- « merce et des Travaux Publics, inscrite sur le registre des déclarations de « versements sous les n°⁵ 164, — 1, — 8, — 18 et 30; et que les intérêts de « ladite somme, dus par la Caisse des Dépôts et Consignations et calculés jus- « qu'au 7 février 1896, s'élèvent à la somme de 161.809 fr. 55; enfin, que ces « sommes sont frappées de deux oppositions, savoir :

« Toutes deux de M. FRAISSE.)

« En foi de quoi, j'ai délivré le présent certificat à la réquisition de
« Me Cazals, avoué à Béziers. »

« Le Préposé, *Signé :* Illisible. »

On voit, par le certificat qui précède, que la somme de 185.373 fr. 47 et
celle de 161.809 fr. 55, pour intérêts, soit au total fr. 347.183,02, appartiennent
bien à la Compagnie du chemin de fer de Graissessac à Béziers, ou à ses
créanciers, qu'elle est bien leur propriété, et non celle de l'État.

On sait que la clôture n'a pas pour effet de faire cesser l'état de la faillite, mais seulement d'en interrompre les opérations et de faire rentrer les
créanciers dans l'exercice de leurs actions individuelles.

C'est en vertu de cette doctrine que Fraisse, porteur d'obligations, a,
aux dates des 20 mai 1896, 26 juin 1897, 7 septembre 1897, fait pratiquer diverses oppositions, tant entre les mains du préposé de la Caisse à Béziers,
qu'en celles de M. le Ministre des Finances.

Plus tard, Me Cazals, avoué de M. Fraisse, présentait requête pour l'ouverture d'une distribution par contribution, et, à la date du 30 octobre 1897,
M. Nègre, juge commissaire, commis à cet effet, rendait son ordonnance
pour autoriser à faire les sommations de produire aux créanciers opposants.

Suivant exploit de Sigé, huissier à Montpellier, et Hyver, huissier à Paris,
des 6 et 14 décembre 1897, Fraisse a fait dénoncer aux parties intéressées
l'ouverture de la distribution avec sommation de prendre communication des
demandes en collocation.

A la date du 18 janvier 1898, le Trésor, **malgré la forclusion,** est intervenu
pour déclarer qu'il s'opposait à la présente distribution, arguant de ce que la
somme de 347.183 fr. 02, mise en distribution était la propriété de l'État, et,
à la date du 2 juillet 1898, le Tribunal civil de Béziers, devant qui les parties
avaient été renvoyées, rendait un jugement confirmant de ce chef le dire du
Trésor, en lui attribuant purement et simplement le montant de la somme
consignée, sans autres justifications que la production de **copies de pièces,**
informes et dépourvues d'authenticité, présentées par l'agent judiciaire du
Trésor.

La Cour d'appel de Montpellier, par un arrêt du 17 juillet 1899 (pièce n° 10),
a confirmé le jugement de première instance, et sur pourvoi la Cour de Cas-

sation (Chambre des requêtes), dans son audience du 2 janvier 1901, a rejeté, sans même délibérer, déclarant sur le vu des copies de pièces produites par le Trésor, **reconnues fausses depuis** — que l'attribution de cette somme à l'État avait été consentie par les syndics de la faillite pour le couvrir, d'autant, de ses avances, et que sans cette attribution la créance de l'État se serait élevée à 543.766 francs au lieu de 358.392 fr. 58.

On voit que la Cour de Cassation, comme d'ailleurs toutes les autres juridiction de degré inférieur, a jugé sur la copie de l'avis de la Commission du 4 juin 1866 produite aux débats par l'agent judiciaire du Trésor, **qui est en flagrante contradiction avec elle-même, avec les rapports et comptes des syndics et avec tous les éléments de la cause.**

A la date du 26 janvier 1898, Fraisse écrivait une lettre à M. le Ministre des Finances (Direction de la Comptabilité publique) confirmée à M. l'Agent judiciaire du trésor le 2 mars suivant, par laquelle il invitait ce haut fonctionnaire à faire connaître exactement le mouvement **du compte de débet,** de ladite Compagnie des chemins de fer de Graissessac à Béziers, pendant les années 1858-1859 et suivantes, jusqu'en 1867, et dire en même temps si ce compte a continué à figurer de 1867 à 1898 sur les états sommaires que l'agent général du Trésor dresse chaque année (art. 4 de l'arrêté du Ministre des Finances du 14 décembre 1826) pour être inséré au Compte annuel des Finances. Aux termes de l'art. 17 du même arrêté, M. le Directeur du Contentieux est également tenu de remettre tous les trois mois à la Direction de la Comptabilité publique un état présentant par nature de débets le mouvement des accroissements et diminutions pendant le trimestre précédent.

Ajoutons à cela les règlements d'ordre et de contrôle prescrits par l'ordonnance de 1823, la loi du 29 juin 1852 (art. 13), le décret du 5 août 1882, etc... On voit combien les mesures d'ordre sont prises pour sauvegarder les intérêts de l'État.

A l'heure actuelle, ni l'Agent judiciaire, ni M. le Ministre des Finances n'ont encore répondu à la demande de Fraisse; on conçoit facilement l'embarras du Trésor, **vu qu'il est établi et prouvé qu'il n'est rien dû de ce chef à l'Etat.**

La Découverte du Faux
La Requête civile

Aux termes de l'art. 480 du code de Procédure civile (§ 9), les jugements contradictoires rendus en dernier ressort par les Tribunaux de première instance et d'appel, pourront être rétractés sur la requête de ceux qui y auront été parties ou dûment appelés. . . . .

9°. — Si l'on a jugé sur pièces, reconnues ou déclarées fausses depuis le jugement.

Tel est notre cas :

Dans l'affaire Graissessac-Béziers, l'Etat a produit aux débats, une copie de pièces reconnue fausse depuis.

C'est à la date du 6 septembre 1902 que cette pièce (la copie de l'avis de la Commission du 6 juillet 1866) a pu être reconnue fausse par la partie intéressée, par la simple communication du compte des syndics, obtenue au greffe du Tribunal de Commerce de la Seine et joint à la reddition de comptes de la faillite.

Le seul fait de la part des syndics de ne porter **ni en recettes ni en dépenses** la somme litigieuse de 185.373 fr. 47 c., prouve que cette somme versée, sur l'ordre du Ministre des Travaux Publics, à la Caisse des Dépôts et Consignations, pour être tenue ultérieurement à la disposition de ceux qui justifieront y avoir droit, a été ignorée d'eux; tandis qu'on voit figurer dans ce même compte toutes les autres sommes depuis la plus minime jusqu'à celle de 358.392 fr. 68, versée par les syndics au Trésor, des mains de la Compagnie du Midi, le 30 octobre 1866 pour solde de la créance due à l'Etat.

Le même compte des syndics déclare formellement, à la page **4** de ce document, que « au moment de la remise de la ligne à la Compagnie du Midi, l'Etat demeurait créancier d'une somme principale de 358.392 fr. 68

Il est matériellement impossible que cette somme de 185.373 fr. 47 figure sur la **pièce originale** de l'avis de la Commission du 6 juillet 1866, que le Trésor s'est refusé à produire aux débats.

La copie produite est en contradiction avec le rapport du 25 juillet de la même année fait à M. le Ministre des Travaux Publics, en ce sens qu'à la page 7 du document on fait figurer 91 récépissés délivrés par le receveur de Béziers et s'élevant à 1.508.273 fr. 10, lorsque, dans le rapport précité, ce sont 96 récépissés délivrés par le même receveur de Béziers et s'élevant ensemble à 1.693.646 fr. 57.

Dans la copie de l'avis de la Commission, on fait figurer dans un deuxième article la somme de 185.373 fr. 47, représentée par 5 récépissés de versement : délivrés par le même receveur, **mais effectués en 1866, à la Caisse des Dépôts et Consignations :** nécessairement, au moyen de cette opération qui ressemble à un escamotage, fort adroit, on retrouve le même total de 1.693.646 fr. 57. Et le même document ajoute: « Ensemble des recettes, pro- « venant de l'exploitation du Chemin, **versée dans les Caisses de l'Etat. »** Ce qui semblerait dire que les membres de la Commission, parmi lesquels se trouvaient deux inspecteurs des Finances, n'auraient pas su distinguer la Caisse des Dépôts et Consignations avec la Caisse de l'Etat.

Il n'est pas besoin, à la rigueur, de recourir à d'autres documents qu'à la copie elle-même de l'avis de la Commission pour découvrir la fausseté de ce document ; il suffit de l'analyser tout au long pour reconnaître qu'il est en contradiction avec lui-même, et avec toutes les autres pièces authentiques relatives à cette affaire.

Ainsi la Commission déclare **qu'elle a eu pour mission d'établir, d'un côté, le compte des dépenses faites par l'Etat, de l'autre, le compte des recettes provenant de l'exploitation du Chemin de Fer, et de faire la balance entre ces deux comptes (page 2 du document**. Et à la page 8 elle nous fait con- naître que les dépenses se sont élevées à .... 4.906.989,65 que les recettes se sont élevées à 4.548.596,97

Différence en faveur de l'Etat 358.392,68

Tel est exactement, une dernière fois, le montant de la créance due à l'Etat et qui a été acquittée par les syndics le 30 octobre 1866, au moyen des fonds de la Compagnie du Midi.

A la page 4 du document, la même Commission déclare que l'attention de la Commission s'est portée d'une manière toute spéciale sur les dépenses prélevées sur les recettes depuis le premier janvier 1862, et que ces dépenses se sont élevées à la somme de............................ 2.829.994,88

En ajoutant à cette somme les dépenses afférentes à la 1re période, qui s'élèvent, toujours d'après l'avis de la Commission, à la somme de...................................... 2.076.994,77

On retrouve le total de........................... 4.906.989,65

pour le montant des dépenses faites pendant toute la période du séquestre.

À la page 7, la même Commission nous fait connaître le montant total des recettes pendant toute la durée du séquestre qui s'élève à................................... 4.548.596,97

Différence en faveur du séquestre................. 358.392,68

Nous appelons particulièrement l'attention sur l'avis de la Commission (pièce n° 1, pages 6 et 7).

Pour bien prouver que ce document est en contradiction avec lui-même, nous reproduisons la phrase qui a induit les juges du fait en erreur et nous allons l'analyser tout entière.

« Ces recettes (4.548.596 fr. 97) provenant de l'exploitation du chemin « ont été versées dans les Caisses de l'État ou employées à payer les dépenses « d'achèvement et d'exploitation du chemin. En y ajoutant la somme versée « dans les caisses de l'État, aux dépenses faites dans l'intérêt du chemin et « qui ont déjà été constatées, on doit retrouver le total des recettes.

« Or, le montant des sommes versées dans les Caisses de l'État est cons- « taté :

1°.   par 91 récépissés........................ 1.508.273.10
2°.   par 5 récépissés................... 185.373.47   1.693.646.57

Pourquoi ne pas dire 96 récépissés, comme dans le rapport du 25 juillet (pièce n° 2) et représentant 1.693.646 fr. 57, puisque toutes ces sommes afférentes aux 96 récépissés ont été versées dans les Caisses de l'État. C'est qu'alors pour comprendre dans cette somme celle versée à la Caisse de Dépôts en 1866, on aurait trouvé 101 récépissés qui auraient représenté non pas 1.693.646 fr. 57, mais 1.879.020 fr. 04, soit 185.373 fr. 47 en plus.

« En y ajoutant les sommes versées dans les Caisses de l'État, aux « dépenses faites dans l'intérêt du chemin, **et qui ont déjà été constatées,** « on doit retrouver le total des recettes. »

Quoique cette phrase prête à un double sens, il ne saurait y avoir de fausse interprétation. « Les sommes versées dans les caisses de l'État » et **qui ont déjà été constatées,** ne sont autres que les **1.693.646 fr. 57,** représentés par 96 récépissés.

Suivant les termes mêmes de l'avis de la Commission, (document n° 1, page 7) le séquestre aurait opéré antérieurement au 22 novembre 1863) le versement de 1.508.273 fr. 10 qui constitue les 91 récépissés **récapitulés dans un état dressé à cette date par M. l'Ingénieur Moffre et joints à cet état.** A partir de cette date, il n'aurait effectué que les cinq versements faits en 1866 à la Caisse des Dépôts et Consignations, ce qui est inexact, puisque du compte même du séquestre qui a été remis aux syndics (pièce n° 4, page 3) il résulte que l'excédent des recettes pour les années 1864-1865 et commencement de 1866 s'est élevé à 309.743 fr. 46, dans laquelle somme ne sont point compris les cinq versements faits à la Caisse des Dépôts et Consignations du 7 février au 15 mai 1866. Cette somme de 309.743 fr. 46 ajoutée aux deux exercices de 1862 et 1863 forme bien l'excédent de recettes s'élevant à 481.565 fr. 63.

C'est pour cela que, lorsque l'avoué de Fraisse a fait sommation à M° Gely, avoué du Trésor (pièce n° 7), d'avoir à communiquer les **91 talons ou récépissés, au choix du Trésor, afférents à la somme de 1.508.273,10.** M° Gely, a répondu à côté de la question (pièce n° 8), en offrant de communiquer à nouveau les 5 talons de récépissés afférents aux 5 versements, ensemble 185.373.47, effectués à la Caisse de Dépôts à Béziers, que l'État s'était fait remettre par la Caisse de Dépôts et Consignations.

C'est à la suite de cette réponse négative que Fraisse a mis le Receveur des finances de Béziers en cause pour venir verser aux débats sa comptabilité, et y vérifier ou établir s'il existe ou non 91 récépissés ou versements, formant à eux seuls une somme de 1.508.273 fr. 10. C'était, en effet, le seul moyen de contrôler l'avis de la Commission ; mais les derniers juges comme les premiers ont décidé que c'était à tort que le dit receveur ou préposé de la Caisse avait été mis en cause.

En aucune façon il n'est admissible que dans cette somme de 1.693.646,57 soit comprise celle de 185.373 fr. 47 versée à la Caisse des Dépôts et Consignations de Béziers, 4 ans plus tard du 7 février au 15 mai 1866, et représentée par 5 récépissés délivrés par le préposé de Béziers.

Et pour conclure, la même commission déclare (page 10 du document

que « par la balance entre les dépenses et les recettes, elle a établi que, pour
« assurer la liquidation des comptes du séquestre, la Compagnie du chemin
« de fer de Graissessac à Béziers avait à payer à l'État 358.392 fr. 68 c.

C'est bien ce chiffre qui correspond à la créance de l'État, qui est en con-
cordance avec tous les documents authentiques que nous avons exposés dans
le travail qui précède. **C'est bien ce chiffre également qui a dû correspondre
au compte de débet qui a été soldé le 30 octobre 1866.**

À l'État maintenant de prouver le contraire.

Conclusions

De l'avis même de la Commission administrative du 6 juillet 1866 il ressort « que les dépenses faites pour l'achèvement et l'exploitation du chemin de fer se divisaient en deux groupes ». **C'est-à-dire en deux périodes : la première du 12 mai 1858 au 31 décembre 1861 ; la 2ᵉ du premier janvier 1862 au 14 février 1866.** Donc les sommes versées postérieurement au 14 février ne sauraient être comprises dans cette liquidation.

La même commission a reconnu qu'à partir de 1862 toutes les dépenses faites avaient été prélevées sur les recettes et que ces dépenses s'élévaient à ....Fr. 2.854.950,40

Si nous ajoutons à cette somme les recettes produites pendant la période du séquestre qui se sont élevées à la somme de Fr. 1.693.646,57

du document au 14 février 1866

Nous retrouvons le montant global des recettes, soit ....Fr. 4.548.596,97

qui, déduit du total des dépenses ....Fr. 4.906.989,65

donne bien le chiffre de ....Fr. 358.392,68

auquel s'est trouvée réduite la créance de l'État (pages 8 et 10 du document) au 14 février 1866

Si nous prenons encore les chiffres donnés par la même commission administrative en ce qui concerne les recettes pendant la même période de 1858 à 1861, nous retrouvons une somme de (page 6)................................Fr. 1.237.036,46

qui, en la déduisant de celle de (page 4)..................Fr. 2.076.994,77

représentant le montant des dépenses afférentes à la même période de 1858 à 1861 (pages 3 et 4 du document)

nous donne exactement la somme de....................Fr. 839.958,31 qui représente le montant total des avances faites par l'Etat au séquestre.

On se rappelle que la totalité des sommes nettes versées au Trésor de 1862 au 14 février 1866, se sont élevées à..........Fr.   481.565,63

d'où nous retrouvons toujours l'Etat créditeur de la même somme de...Fr.   358.392 68

pour laquelle quittance définitive et pour solde de la créance de l'Etat, a été donnée aux syndics, moyennant le versement par la Compagnie du Midi de pareille somme au Trésor le 30 octobre 1866.

Enfin comme point final, la créance de l'Etat était établie en 1862 d'une manière **indiscutable** à la somme de...........Fr.   839.958.31

Il a reçu des mains du séquestre les produits nets de l'exploitation du chemin de fer qui se sont élevés pour la période de 1862 au 14 février 1866 à.....................   481.565,63

Le 30 octobre 1866 l'Etat a reçu des syndics par la Compagnie du Midi et pour solde de sa créance

(Voir rapport et comptes des syndics)

la somme de pour balance.....................   358.392,68

TOTAL ÉGAL. 839.958.31   839.958,31

Tandis qu'il aurait fallu, pour que le Trésor puisse exercer des droits sur la somme litigieuse, que l'Etat fut créancier en 1862 de la somme de...................................Fr.   839.958.31

plus de celle de..Fr.   185.373,47

Soit...............Fr.   1.025.331,78

Mais le séquestre aurait dans ce cas dépassé de 85.331 fr. 78 le crédit de 940.000 francs ouvert au Ministère des Travaux publics, ce qui est inadmissible et qui serait d'ailleurs en contradiction avec le rapport du 7 juillet 1866, avec la comptabilité, les comptes et les rapports des syndics.

Du reste, pour plus de clarté, en additionnant, le total des recettes, opérées
de 1858 à 1861, soit 1.237.036 46

Avec l'excédent des recettes, effectuées
du 1er janvier 1862 au 15 février 1866, versées
dans les caisses de l'État (pièce n° 1, page 3),
soit 481.565 63
____
                  1.718.602 09   1.718.602 09

Déduction faite des dépenses prélevées directement sur les
recettes avant 1862 (pièces n° 1, page 3 et 4), soit 24.955 52
____

Nous retrouvons 1.693.646 57

représentant exactement le montant des 96 récépissés: nous n'admettons pas
qu'on vienne, au moyen de la pièce incriminée de faux, soutenir que dans cette
somme se trouve comprise celle de 185.373 fr. 47, versée à la Caisse des Dépôts
et Consignations, du 7 février au 15 mai 1866.

De même que pour retrouver le montant des dépenses afférentes à la première période du séquestre, de 1858 à 1862, il suffit d'additionner le montant
des recettes qui ont été appliquées aux dépenses et qui s'élèvent à   1.237.036 46

Avec l'excédent des dépenses, soit 839.958 31
____

                          TOTAL ÉGAL. 2.076.994 77

Dans un autre système, si nous voulons encore retrouver le montant des
recettes versées dans les caisses de l'État, objet des 96 récépissés, il nous
suffira de déduire des recettes totales qui s'élèvent à 4.518.596 97

1° Le montant total des dépenses de la
deuxième période, soit 2.829.994 88

2° Celles prélevées directement sur les
recettes avant 1862, soit 24.955 52
____
                  2.851.950 40   2.851.950 40
____

              DIFFÉRENCE. 1.693.646 57

En déduisant enfin, du montant total des dépenses, qui se sont élevées,
de 1858 à 1861, à la somme de (pièce n° 1, page 3) 2.052.039 25

Le montant des recettes versées dans les caisses de l'État,
soit 1.693.646 57
____

Nous retrouvons 358.392 68

C'est-à-dire le solde de la créance due à l'État, qui a été définitlvement arrêtée au 14 février 1866, et soldée le 30 octobre.

On voit par les différentes combinaisons que nous avons exposées, avec quelle justesse est établi le compte du séquestre ; il est matériellement impossible, par aucun artifice, de détruire l'harmonie de ces chiffres.

Une autre question plus grave se soulève d'elle-même. Le sequestre ne pouvait avoir versé, le 23 Novembre 1863, une somme de 1.508.273 fr. 10, puisque le montant des recettes s'élevaient seulement au 31 décembre, deux mois plus tard, à la somme de 1.383.903 fr. 11 ; il aurait, dans ce cas, versé au moins 124.369 fr. 99 en plus qu'il n'avait lui-même encaissé à cette date.

Veut-on une preuve irréfutable, **plus décisive encore ?**

Nous la puiserons cette fois dans un document officiel et à l'abri de tout soupçon, invoqué par le Ministre même des Travaux publics le 17 juin 1897 dans une lettre adressée à M. le Directeur général de la Caisse des Dépôts et Consignations pour l'informer que cette somme a été attribuée à l'État en compensation de ses déboursés et que c'est par suite d'une omission qu'elle a été oubliée pendant trente ans à la Caisse des Dépôts et Consignations. Ce document est « la décision ministérielle du 25 juillet 1866 qui a apuré les comptes du séquestre » pièce n° 2.

Ce document, qui est en contradiction avec l'avis de la Commission (pièce n° 1, nous fait savoir que, du **27 mars 1858 au 14 février 1866, les recettes opérées par l'administration du séquestre s'élevaient à 4.548.596 fr. 97; que les dépenses se sont élevées à 4.906.989 fr. 65** - « qu'il en résulte que les « avances faites par l'État pour le compte du séquestre de la faillite de la « Compagnie, dépasse les recettes de 358.392 fr. 68 » ; il n'est pas question ici des cinq versements opérés à la Caisse des Dépôts et Consignations du 7 février au 15 mai 1866, mais seulement des recettes opérées jusqu'au 15 février de la même année.

Si cette somme de 185.373 fr. 17 versée à la Caisse des Dépôts avait dû être comprise dans ce compte, la créance de l'État aurait été réduite de pareille somme et alors le compte des avances faites par le séquestre se serait soldé par 173.019 fr. 21 qu'il aurait dû recevoir des mains de la Compagnie du Midi. Il aurait donc de ce fait reçu 185.373 fr. 17 en plus du montant de sa créance et dans le cas actuel ce serait une simple demande en restitution de l'indû qu'il y aurait lieu d'exercer contre l'Etat.

Tandis qu'ayant reçu le 30 octobre 1866 la somme de 358.392 fr. 68 pour solde de sa créance, pour intervenir 30 ans après dans une procédure de distribution par contribution il fallait se constituer un titre, ce titre on l'a trouvé dans l'avis de la Commission du 6 juillet 1866 (pièce n° 1) en glissant dans cette copie produite, à un endroit un peu obscur, le montant des cinq récépissés délivrés par le préposé de la Caisse des Dépôts et Consignations de Béziers, sans se préoccuper que ce greffage de chiffres viendrait détruire tout le travail de comptabilité si bien établi du séquestre et des syndics. Ce qui donne lieu aujourd'hui à une ouverture en requête civile de la part de Fraisse contre l'Etat.

Nous devons conclure *a priori* que la copie de l'avis de la Commission produite par l'Etat, est fausse, en ce sens : 1° que la décision ministérielle s'est basée sur le travail de la Commission et a dû reproduire les mêmes chiffres par elle fournis, pour arriver à l'apurement des comptes ; 2° que cette copie est d'ailleurs contraire à tous les autres documents ; 3° que de plus l'Etat s'est toujours refusé de communiquer à Fraisse, en qualité de créancier et actionnaire de ladite Compagnie, l'original de cette pièce, dans les bureaux même des Ministères des Travaux publics et des Finances, ainsi que les **91 récépissés, talons, ou versements** afférents à la somme de 1.508.273 fr. 10, cela, malgré des demandes réitérées suivies plus tard d'exploits d'huissiers (voir pièce n° 7.

Nous rapportons la preuve indéniable que le débet de la faillite de la Compagnie du chemin de fer de Graissessac à Béziers vis-à-vis de l'Etat avait été fixé et définitivement arrêté à la date du 14 février 1866, à la somme de 358.392 fr. 68.

1° Par la copie produite de l'avis de la Commission du 6 juillet 1866, quoique arguée de faux.

2° Par le rapport du 25 juillet 1866 fait par M. le Conseiller d'Etat Directeur général des Ponts et Chaussées et des Chemins de fer, approuvé le même jour par le Ministre des Travaux Publics.

3° Par la lettre des syndics à M. le Ministre des Travaux publics en date du 6 octobre 1866.

4° Par le compte détaillé des syndics du 18 juillet 1866.

5° Et enfin par le rapport des mêmes syndics annexé au procès-verbal de reddition de comptes dressé par M. le juge commissaire de la faillite, en date du 1ᵉʳ août 1868.

Le paiement de cette somme accompli, le compte de débet se trouve soldé, il n'est plus rien dû à l'Etat, qui dès ce moment et pendant les trente ans qui suivirent s'est toujours considéré comme désintéressé. Si l'Etat a cru un moment pouvoir se faire attribuer cette somme de 347.183 fr. 02 au détriment d'un véritable créancier, dans les circonstances que nous avons relatées il n'a pu soutenir son dire qu'au moyen de pièces fausses, notamment la copie de l'avis de la Commission du 6 juillet 1866, qui porte à la fin, comme mention d'authenticité, la formule : « Pour copie conforme, le chef de bureau, signé : Illisible, » laquelle pièce quoique contraire à tous les éléments de la Cause, les juges ont cru devoir admettre comme suffisamment authentiquée et pouvant servir à éviter la production de pièces originales.

Dans cette copie de pièce, au compte des recettes, page 7, que nous reproduisons à l'encre rouge, on a scindé l'article en deux pour en détacher **cinq** récépissés et y faire figurer la somme de 185.373 fr. 47 déposée en cinq versements à la Caisse des Dépôts et Consignations, feignant d'ignorer que le receveur des finances cumule les fonctions de préposé à la Caisse des Dépôts et Consignations avec celles de comptable du Trésor.

Après cela il ne reste rien de la créance de l'Etat.

L'Etat ne peut plus soutenir qu'il est propriétaire, ni cessionnaire, ni créancier, de la somme en litige, à laquelle d'ailleurs il n'a jamais pu prétendre avoir droit, attendu qu'un créancier régulier a fait les diligences nécessaires en attribution de la somme consignée avant que celle-ci ne fût atteinte par la déchéance prévue par l'art. 43 de la loi de finances du 16 avril 1895.

C'est la seule prétention qu'aurait pu émettre l'Etat, en vertu de cette loi nouvelle, si Fraisse n'avait frappé ces sommes d'oppositions et demandé l'attribution à son profit, en temps opportun.

L'Etat est intervenu dans une procédure où il était complètement étranger et dans laquelle il n'avait rien à débattre.

Pour revendiquer la propriété de la somme en litige il a produit des pièces reconnues fausses depuis : il a, de ce fait, causé un véritable préjudice à Fraisse :

1°. — Par la privation, qu'il lui a imposée, d'être mis en possession de sa créance en temps et lieu ;

2°. — Par des poursuites exercées contre lui en paiement d'une somme de 1,060 fr. 67 représentant les frais de première instance et d'appel, y compris ceux du commandement et de la saisie exécution, que Fraisse a payés à M° Emile Benoist, huissier du Trésor, à la date du 24 décembre 1900.

L'Etat étant intervenu **nocivement** sans aucune raison valable, dans cette procédure, Fraisse a droit à une éclatante réparation et à des dommages-intérêts, distincts des intérêts moratoires (loi du 7 avril 1900), qu'il évalue, en dehors de sa créance, à la somme de cent mille francs.

Imp. Vve J. DENOLLE, 2 et 4, passage Véro-Dodat.

PIÈCES JUSTIFICATIVES

1 A 15

MINISTÈRE
DE
l'Agriculture, du Commerce et
des Travaux publics

—·—

SÉQUESTRE
DU
CHEMIN DE FER
de Graissessac a Béziers

—·—

LIQUIDATION
DES
Dépenses et Recettes

— ·✳· —

(N° 1)

AVIS DE LA COMMISSION

Nommée par Dépêche Ministérielle

EN DATE DU 1 JUIN 1866

La Commission, nommée par dépêche ministérielle, en date du 1 juin 1866, pour vérifier la liquidation des dépenses et recettes faites pendant le séquestre du chemin de fer de Graissessac à Béziers, s'est réunie à plusieurs reprises au Ministère des Travaux publics, sous la présidence de M. de SERMET, Inspecteur des ponts et chaussées.

Elle s'est reportée avant tout au **décret du 12 mai 1858**, ordonnant la mise du chemin sous séquestre. Ce décret sert de point de départ à la gestion qu'elle doit vérifier, il explique **de plus de quelle manière seront faites les dépenses et à quoi seront appliquées les recettes.**

L'article premier porte : « Le chemin de fer de Graissessac à Béziers est « placé sous le séquestre. Il sera administré et exploité sous la direction de « notre Ministre de l'Agriculture, du Commerce et des Travaux publics, lequel « pourvoiera, en outre, à la construction et à l'achèvement des travaux du dit « chemin. »

L'article 4 dit : « A partir de ce jour, tous les produits directs ou indirects « du chemin de fer seront perçus par l'administration du séquestre, nonobstant « toutes oppositions ou saisies-arrêts, et seront exclusivement appliquées, tant « au service de l'exploitation de la partie actuellement ouverte, qu'à la conti- « nuation et à l'achèvement des travaux non encore terminés.

« Les droits et les intérêts des actionnaires et des tiers sont et demeurent « formellement réservés. »

Un second décret, en date du 13 août 1858, qui ouvre au Ministre de l'Agriculture, du Commerce et des Travaux publics, un crédit de 910.000 francs applicable aux dépenses à faire, tant pour l'achèvement des travaux du chemin que pour son exploitation, explique dans son article 2, comment ces dépenses rentreront à l'État.

ART. 2. — « Les sommes dépensées en vertu de l'article précédent ne seront
« versées qu'à titre **d'avance**, et le remboursement s'en opérera par privilège,
« conformément aux lois, sur les produits nets ultérieurs de l'entreprise et sur
« toutes autres ressources de la Compagnie, suivant le mode qui **sera déter-**
« **miné par notre Ministre de l'Agriculture, du Commerce et des Travaux**
« **publics.** »

Les deux décrets, des 12 mai et 15 août 1858, posent les règles à suivre pour
la liquidation des dépenses et des recettes du séquestre. Elles se résument ainsi :
l'État fait les dépenses nécessaires pour l'achèvement du chemin et son exploitation et se rembourse de ses dépenses sur les produits de l'entreprise et sur
toutes autres ressources de la Compagnie.

La Commission doit donc établir : d'un côté, le compte des dépenses
faites par l'Etat au nom de la Compagnie pendant la durée du séquestre ;
de l'autre, le compte des recettes provenant de l'exploitation du chemin
pendant le même temps, **et faire la balance entre ces deux
comptes.**

Le séquestre a commencé au **12 Mai 1858**, date du décret qui en a prescrit
l'organisation : il a fini le **15 Février 1866** par la remise du chemin à la
Compagnie du Midi, qui l'a racheté, après arbitrage conformément aux termes
de l'article premier de la convention approuvée par le décret du 11 Juin 1863 et
la loi à la même date.

L'examen de la commission doit donc porter sur tous les faits de
dépenses et de recettes accomplis dans cette période de huit années.

Dépenses faites par l'État
pour le compte de la Compagnie

Pendant les quatre premiers exercices, c'est-à-dire, jusqu'au 1ᵉʳ Janvier 1862,
les dépenses faites, tant pour l'achèvement du chemin que pour son exploitation,
ont été imputées sur des crédits ouverts par le Ministre et payés en suivant
toutes les formalités prescrites par le règlement de la Comptabilité du Ministère
des Travaux publics.

Le crédit de 940.000 fr. ouvert par le décret du 15 Août 1858, et les
recettes provenant de l'exploitation du chemin **versées dans les
caisses de l'État,** puis réintégrées au service du chemin, ont fait place
à ces dépenses.

Leur justification a été soumise à la Cour des Comptes ; elle est complète : la Commission n'a pas à s'en occuper.

Elle n'a qu'à arrêter le chiffre auquel elles s'élèvent. **Ce chiffre s'obtient en additionnant le total de chacun des états de situation définitive fournis par les ingénieurs du séquestre pendant ces quatre ans, et en y ajoutant les dépenses payées directement à Paris par la Comptabilité centrale** pour frais de voyages et de missions. .

Or ces états de situation d'un côté et les renseignements donnés par la comptabilité centrale de l'autre constatent les dépenses ci-après :

MONTANT DES ÉTATS DE SITUATION DÉFINITIVE DES INGÉNIEURS	DÉPENSES PAYÉES par la Comptabilité centrale	DÉPENSE TOTALE PAR ANNÉE
Exercice 1858. . . . . . 500.000 »	2.611 80	502.611 80
id. 1859. . . . . 590.971 54	320 »	591.291 54
id. 1860. . . . . 350.000 »	2.000 »	352.000 »
id. 1861. . . . . 605.102 91	1.000 »	605.102 91
2.016.074 45	5.931 80	2.052.039 25

2.052.039 25

Le total des dépenses dont la justification a été produite à la Cour des comptes est donc de **2.052.039 25**. 2.052.039 25

Dans sa lettre du 16 Mai dernier, M. l'Ingénieur MOFFRE porte ce chiffre à 2.016.074 fr. 45, parce qu'il ignorait que la Comptabilité centrale avait payé pendant ces quatre ans une somme de 5.961 fr. 80, qui s'ajoutait aux dépenses constatées par les états de situation des ingénieurs.

Quoique la règle fut au 1er janvier 1862 de payer toutes les dépenses au moyen de crédits ouverts par l'État ; cependant, par exception, quelques dépenses faites avant cette époque furent prélevées sur les recettes.

Ainsi, des décisions ministérielles, en date des 11 juillet et 1er août 1859, prescrivent de prélever sur les recettes le traitement et les frais de l'Ingénieur administrateur du séquestre, ainsi que les appointements d'un conducteur sous ses ordres. Vingt-quatre certificats de paiements, dressés conformément à ces décisions et régulièrement acquittés, constatent un prélèvement sur les recettes, de. . . . 17.111 52

A reporter 17.111 52   2.052.039 25

Report 17.441 52   2.052.039 25

Les décisions ministérielles sont jointes au premier certificat

Deux autres dépenses ont aussi été acquittées directement sur les produits du chemin, ce sont les frais de contrôle dûs à l'État par la Compagnie. pour les exercices 1859 et 1860.

L'acquittement de la première est constaté par un reçu du percepteur de Béziers. montant à . .   3.514 »

Celui de la deuxième, par un récépissé du receveur particulier de Béziers. de . . . .   1.000 »

L'ensemble de ces dépenses, payées directement sur les recettes du chemin avant le 1er janvier 1862. s'élève à. 24.955 52   24.955 52

À partir du 1er janvier 1862 **jusqu'à la fin du séquestre** (14 février 1866). comme les recettes du chemin de fer suffisaient et au delà pour couvrir les dépenses à faire. **le Ministre n'a plus ouvert de crédits** et les recettes ont été appliquées directement au paiement des dépenses. **Leur excédent seul a été versé dans les caisses de l'État,** les dépenses ainsi payées s'élèvent :

Pour l'année 1862. à 529.810 73
    id.   1863. à 790.726 81
    id.   1864. à 831.815 91
    id.   1865. à 611.016 81
    id.   1866. à 63.594 56

Total. 2.829.994 88   2.829.994 88

Dépenses totales faites par l'État pendant le séquestre. pour le compte de la Compagnie du chemin de Graissessac à Béziers 4.906.989 65

L'attention de la Commission s'est portée d'une manière toute spéciale sur les dépenses prélevées sur les recettes depuis le 1er janvier 1862, qui s'élèvent, comme nous venons de le voir à **2.829.994 88.**

Elle a constaté qu'elles sont présentées par exercice dans une série de dossiers numérotés. Dans chaque dossier. un bordereau, disposé comme s'il devait être remis au payeur pour justifier l'emploi d'avances relatives aux dépenses en régie. récapitule le montant de chacune des pièces de comptabilité, indique la nature de la dépense et les parties prenantes. Les pièces de comptabilité sont des états de régie, des quittances ou des mémoires, tous émargés par les parties prenantes, dressés, arrêtés et visés par les chefs de service et l'ingénieur du séquestre, revêtus du timbre et indiquant les dates des autorisations préfectorales ou ministérielles, toutes les fois qu'il y a lieu ; enfin, satisfaisant à toutes les conditions exigées par le règlement sur la comptabilité pour être admis par la Cour des comptes. Au bas de chaque bordereau, la dépense précédemment faite depuis le 1er janvier est rappelée et s'ajoute à celle du bordereau, en sorte que le dernier donne la dépense totale de l'exercice.

La Commission a complété ceux des dossiers qui ne portaient pas les dates d'approbation des marchés, en y joignant des copies des approbations elles-mêmes.

Elle a examiné avec soin toutes ces pièces de comptabilité dont l'ensemble s'élève, comme nous l'avons dit, au chiffre de 2.829.994 fr. 88, et les a reconnues régulières.

Elle a reconnu que les totaux, par année, des pièces justificatives étaient conformes à ceux des registres tenus par l'Administrateur du séquestre, pour le classement des dépenses par nature, registre du modèle présent aux ingénieurs ordinaires.

Recettes provenant de l'exploitation
du Chemin pendant la durée du sequestre

Après avoir constaté la régularité des justifications produites pour les dépenses, la Commission s'est occupée des recettes.

Elle a sous les yeux des spécimens de toutes les pièces relatant les recettes depuis le moment de leur encaissement jusqu'à celui où elles étaient portées sur le grand-livre.

Les premiers étaient les bordereaux des opérations de chaque jour fournis par chaque gare. Ils étaient envoyés au contrôle accompagnés des pièces comptables, telles que relevé des expéditions et des arrivages en grande et petite vitesse, état des billets délivrés et recueillis, feuilles de chargement, lettres de voitures, feuilles de bagages, recettes supplémentaires.

Après vérification des bordereaux par le contrôle, le compte des produits de chaque gare était arrêté jour par jour et reporté avec tous les détails sur un registre spécial. Les produits, soit par gare, soit par nature s'additionnaient sur ce registre pendant tout le mois, et les résultats mensuels étaient portés sur le journal d'abord, puis sur le grand livre. Un second registre, moins détaillé que le premier, donnait également par jour et par mois un résumé des produits de chaque gare.

Un livre de caisse, le livre journal et le Grand-livre complètent la série des documents mis à la disposition de la Commission.

L'Ingénieur chargé du séquestre lui a fait connaître que toutes pièces de détail relatives à la Comptabilité des gares, tous les registres détaillés sur lesquels les produits étaient reportés depuis l'origine du séquestre jusqu'à la fin de 1864, conservés avec soin jusqu'à la fin du séquestre avaient été réunis par la Compagnie du Midi, lorsqu'elle a pris possession du chemin de fer, au syndic de la faillite représentant la Compagnie du chemin de fer de Graissessac à Béziers et que ce dernier les avait fait vendre comme papiers inutiles.

Restaient au complet toutes les pièces relatives aux exercices 1865 et 1866.

La Commission a remarqué que, quoique le séquestre datât de 1858, le livre de caisse qui lui était remis s'ouvrait au 18 octobre 1859 et le livre journal et le grand-livre au 31 mai 1859.

Il paraît que les recettes ayant fort peu d'importance à l'origine du contrôle, la comptabilité qui devait les constater n'a été organisée qu'aux dates ci-dessus relatées.

Elles se sont élevées pour 1858 au chiffre de 19.246 fr. 90. La Commission se borne à constater cette somme, mais n'a aucun moyen d'en vérifier l'exactitude 19.246 90

Pour tous les exercices suivants elle retrouve sur le grand-livre le montant des sommes indiquées par M. l'Ingénieur MOFFRE dans ses deux tableaux en date des **5 février** et **15 mai 1866**.

À savoir : pour 1859	. . . .	311.647 44
id. 1860	. . . .	317.815 52
id. 1861	. . . .	558.296 60
id. 1862	. . . .	693.751 68
id. 1863	. . . .	798.608 06
id. 1864	. . . .	859.215 01
id. 1865	. . . .	825.112 53
id. 1866	. . . .	131.872 33
	TOTAL GÉNÉRAL	1.518.596 97

Ces recettes provenant de l'exploitation du chemin ont été versées dans les **Caisses de l'État** ou employées à payer les dépenses d'achèvement et d'exploitation du chemin. En y ajoutant la somme versée dans les **Caisses de** l'État aux dépenses faites dans l'intérêt du chemin **et qui ont déjà été constatées,** on doit donc retrouver le total des recettes.

Or, le montant des sommes versées **dans les Caisses de l'État est constaté :**

1 . Par **91** récépissés délivrés par le Receveur particulier de Béziers, qui, récapitulés dans un état dressé par M. l'Ingénieur Moffre, en date du **22 Novembre 1863** et joint à cet état et s'élèvent a la somme de   1 508 273 19

2 . **Par 5 récépissés de versement fait chez le même receveur en 1866, montant à.**   185 373 47

Ensemble des recettes provenant de l'exploitation du chemin versées dans les **Caisses de l'État.**

Nous avons vu qu'avant 1862 on avait déjà prélevé sur les recettes des dépenses montant à.   21 955 52

Qu'à partir de 1862, toutes les dépenses faites avaient été prélevées sur les recettes et que ces dépenses s'élevaient à.   2.829.994 88

Ces chiffres réunis reproduisent en effet celui déjà trouvé des recettes du Chemin pendant toute la durée du séquestre .   4.548.596 97

La Commission tenait d'autant plus à retrouver ainsi indirectement le chiffre des recettes qu'elle a fait voir ci-dessus, qu'elle n'avait aucun moyen d'en faire la vérification directe.

1° Parce que le grand-livre qui lui a été remis s'ouvre en 1859, tandis que les recettes commencent en 1858 ;

2° Parce que toutes les pièces de détail permettant de suivre les recettes depuis les gares jusqu'à la Caisse centrale et au grand-livre ont été vendus comme inutiles par le syndic de la faillite.

La commission n'aurait pu songer, même si elle avait eu à sa disposition toutes les pièces élémentaires de la liquidation des recettes et en faire une vérification approfondie. Tout ce qu'elle peut regretter, c'est de ne pas avoir été en mesure de rapprocher la Comptabilité centrale de l'Exploitation, des registres qui étaient tenus dans les gares et qui ont été également vendus.

Cependant, l'examen qu'elle avait sur les pièces de **1865 et 1866** de l'organisation du contrôle intérieur, établi par l'administration du séquestre, lui a laisse la conviction que toutes les mesures avaient été prises pour assurer l'encaissement des produits.

Pour toute la période comprise entre le 1er mai 1862 et le 14 février 1866, la Commission a pu, d'ailleurs, comparer les recettes inscrites au grand-livre par le Receveur comptable avec le registre des produits journaliers, par stations, tenu par les agents spéciaux du contrôle. Le rapprochement des éléments de comptabilité dressés contradictoirement permet à la Commission de considérer comme suffisamment justifiée le compte des recettes présenté par M. l'Ingénieur MOFFRE.

Balances entre les Dépenses et

les Recettes

Le montant total des dépenses faites pendant toute la durée du séquestre par l'État, agissant au lieu et place de la Compagnie, pour l'achèvement et l'exploitation du chemin, a été arrêté ci-dessus à. 1.906.989 65

Pendant le même espace de temps, les recettes provenant de l'exploitation du chemin perçues par l'État pour le compte de la Compagnie seront élevées au chiffre total de. 1.518.596 97

Les dépenses ont donc dépassé les recettes de. 358.392 68

L'État, qui a avancé cette somme, doit en poursuivre le remboursement de la Compagnie.

Arrivée à la fin de sa tâche, la Commission a tenu à se rendre compte du prix auquel se sont fait l'exploitation et l'entretien du chemin pendant le séquestre et de l'amélioration des recettes pendant ce temps.

Les dépenses se partagent en deux parts : celles nécessitées par l'achèvement du chemin et celles consacrées à son exploitation et à son entretien.

Les premières qui consistent principalement en achèvement de tranchées, construction de murs de soutènement, revêtement de voûtes, en substitution de la voie à double champignon à la voie Brunel, en plus de la moitié de la longueur du chemin, en agrandissement de bâtiments de station, en pose de clôture sèches et vives, en fournitures de locomotives, grues et bascules, son récapitulées exercice par exercice dans un état déjà rappelé, fourni le **5 Février 1866,** par M. Moffre, Ingénieur, directeur du séquestre et rappelées dans un second état en date du 15 Mai suivant. Elles s'élèvent ensemble, à 1.769.427 09

Déduites du chiffre total de la dépense qui est de 1.906.989 65

Elles laissent pour les dépenses d'exploitation et d'entretien pendant toute la durée du séquestre, c'est-à-dire pendant huit ans, la somme de. 3.137.562 56

Et par la dépense moyenne par an sur une longueur de 51 kilomètres. 392.195 32

Par suite, pour la dépense moyenne par an et par kilomètre, le chiffre est de. . . . . 7.690 »

Ainsi l'entretien et l'exploitation du chemin ont coûté en moyenne par an et par kilomètre, pendant toute la durée du séquestre, 7.690 francs.

Pour faire ressortir la modicité de ce prix il suffit de rappeler que le chiffre de 7.500 francs pour entretien et exploitation d'un chemin, par an et par kilomètre est le prix minimum payé par des Compagnies traitant à forfait avec des entrepreneurs, et que d'ordinaire ce prix s'augmente de 20 0/0 des recettes brutes.

Enfin, l'accroissement successif des recettes donne une juste idée des bons résultats obtenus :

En 1859 les recettes brutes du chemin par kilomètre et par an étaient de. . . . . 6.478 »

Elles se sont augmentées d'année en année et, en 1865, elles étaient de. . . . . 16.000 »

———————

Résumé et Avis

En résumé, pour remplir la mission qui lui était confiée, la Commission a constaté d'abord :

Que les dépenses faites pour l'achèvement et l'éxploitation du chemin se divisaient en deux groupes.

Le premier comprenant les dépenses soumises à la Cour des comptes et approuvées par elle, elle n'avait qu'à en arrêter le montant.

Le second se composant de pièces de dépenses qui n'avaient encore été soumises à aucun contrôle, a fixé tout spécialement son attention; elle a examiné avec soin les pièces justificatives qui le forment, elle a reconnu qu'elles étaient dressées et acquittées aussi régulièrement que si elles devaient aller à la Cour des comptes.

Pour les recettes, l'examen qu'elle a fait sur les pièces de **1865 et 1866** de l'organisation du contrôle lui a laissé la conviction que toutes les mesures avaient été prises pour assurer leur encaissement.

Par la balance entre les dépenses et les recettes, elle a établi que, pour assurer la liquidation des comptes du séquestre, la Compagnie du chemin de fer de Graissessac à Béziers **avait à payer à l'État 358.392 fr. 68.**

Enfin, elle s'est plu à constater que l'entretien et l'exploitation du chemin, qui, pour toute la durée du séquestre, sont revenus au prix moyen de 7.690 fr. par an et par kilomètre, s'étaient faits dans des conditions de prix très avantageuses pour la Compagnie et que les recettes kilométriques pendant le même espace de temps, s'élevant du chiffre de 6.478 francs à celui de 16.000 francs, avaient reçu, d'année en année un accroissement important.

Ces bons résultats s'ajoutant à la régularité des comptes, dans un service chargé d'autant de détails, l'ont vivement frappée, et elle se fait à la fois un devoir et un plaisir de les signaler à la bienveillante attention de l'Administration.

Paris, le 6 Juillet 1866.

L'Inspecteur général, Président,

Signé : DE SERMET.

L'Inspecteur des Finances,

Signé : P. AUDIBERT.

L'Ingénieur en chef,

Signé : BARRIAU.

Pour copie conforme,

Le Chef de bureau,

Signé : (Illisible)

Imp. Vve J. DENOLLE, 2 et 4, passage Véro-Dodat

MINISTÈRE

DE

l'Agriculture, du Commerce et

des Travaux publics

—•—

Paris, le 25 Juillet 1866.

RAPPORT

à son Excellence Monsieur le Ministre,
Secrétaire d'Etat au Département de
l'Agriculture, du Commerce et
des Travaux publics.

Monsieur le Ministre,

La Commission que vous avez chargée de procéder à la vérification des dépenses et recettes effectuées par l'administration du séquestre du chemin de fer de Graissessac à Béziers vient d'adresser à Votre Excellence un rapport dans lequel elle a consigné le résultat de ses opérations.

Le chemin de fer de Graissessac à Béziers a été placé sous le séquestre de l'Etat, par un décret en date du 12 mai 1858, portant entre autres dispositions art. 4 : « A partir de ce jour tous les produits directs du chemin de « fer seront perçus par l'administration du séquestre nonobstant toutes « oppositions ou saisies-arrêts, et seront exclusivement appliquées, tant au « service de l'exploitation de la partie actuellement ouverte qu'à la continua- « tion et à l'achèvement des travaux non encore terminés. Les droits et les « intérêts des actionnaires et des tiers sont et demeurent formellement « réservés. »

Toutefois comme les revenus du chemin de fer n'étaient pas suffisants pour faire face aux dépenses qu'entraînait l'achèvement de la ligne, un crédit de 940.000 francs a été ouvert au Ministère de l'Agriculture, du Commerce et des Travaux publics par un décret du 15 août 1858, dont l'article 2 est ainsi conçu.

« Les sommes dépensées en vertu de l'article précédent ne seront ver- « sées qu'à titre d'avance et le remboursement s'en opérera par privilège, « conformément aux lois sur les produits nets ultérieurs de l'entreprise et « sur toutes les autres ressources de la Compagnie, suivant le mode qui sera « déterminé par notre Ministre de l'Agriculture, du Commerce et des Tra- « vaux publics. »

Du 27 mars 1858 au 1ᵉʳ janvier 1862, les dépenses faites par l'administra- tion du séquestre (gestion de MM. les Ingénieurs en chef des Ponts et Chaus- sées Tardy et Compaing) ont été imputées sur des crédits ouverts par M. le Ministre, sauf le traitement et les frais fixes de l'Ingénieur administrateur du séquestre ainsi que les appointements d'un conducteur sous ses ordres ainsi que les frais de contrôle dûs à l'Etat par la Compagnie en 1859 et 1861, qui ont été prélevés sur les recettes du chemin de fer, et l'excédent des dites recettes, a été versé à la Caisse de M. le Receveur des finances de Béziers.

Les dépenses de la première période ont toutes été vérifiées par la Cour des comptes, sauf celles qui ont été prélevées directement sur les recettes : La Commission, désignée par Votre Excellence, n'avait pas dès lors à s'en occuper, elle avait simplement :

1° A vérifier le compte des recettes et des dépenses présenté par M. l'Ingénieur Moitre pour la 2° période du **1er janvier 1862** au **15 février 1866** ;

2° A établir le débet, vis-à-vis de l'Etat de la faillite de la Compagnie du chemin de fer de Graissessac à Béziers.

La Commission a constaté que les dépenses afférentes à cette seconde période étaient justifiées par les pièces comptables dressées et acquittées aussi régulièrement que si elles devaient être soumises à la Cour des Comptes. Quant aux recettes les pièces justificatives relatives aux années écoulées de 1858 à 1864 ayant été remises aux syndics de la faillite, qui les ont fait vendre comme papiers inutiles, elle n'a pu vérifier que les pièces relatives **aux exercices 1865 et 1866,** mais l'examen auquel elle s'est livré lui a donné la conviction que les mesures prises, depuis l'origine du séquestre avaient été combinées de manière à assurer l'encaissement intégral des recettes de l'exploitation du chemin de fer.

Il résulte d'ailleurs des vérifications faites par la Commission que les dépenses faites par l'Etat pour le compte de la Compagnie, pendant toute la durée du séquestre, s'élèvent ensemble à Fr. **4.906.989 65**

Savoir : **Dépenses faites du 27 mars 1858 au 1er janvier 1862,** et vérifiées par la Cour des Comptes :

Dépenses payées par les Ingénieurs. **2.046.074 45**

Dépenses payées par la Comptabilité centrale. **5.964 80**

Dépenses faites du 27 mars 1858 au 1er janvier 1862, prélevées sur les recettes de l'Exploitation et vérifiées par la Commission 24.955 52

Dépenses prélevées sur les recettes du 1er janvier 1862 au 15 février 1866 et vérifiées par la Commission. 2.829.094 88

Total pareil. **4.906.989 65**

Du 27 mars 1858 au **15 février 1866** les recettes opérées par l'administration du séquestre s'élevaient ensemble à. 4.548.596 97

Ainsi que le constatent, d'une part 96 récépissés délivrés par le receveur particulier de Béziers et montant à 1.693.646 57

A reporter. 1.693.646 57   4.548.596 97

Report.....   1.693.646 57   4.518.596 97

et, d'un autre côté, les dépenses prélevées
directement sur les recettes à....................   2.854.950 40

Ensemble 4.518.596 97

il en résulte que les avances faites par l'Etat pour le compte de
la faillite de la Compagnie dépasse les recettes de................   358.392 68

Total pareil.................   4.906.989 65

Je n'ai, Monsieur le Ministre, aucune objection à faire aux conclusions
de la Commission et j'ai l'honneur en conséquence, de proposer à Votre
Excellence :

1° D'approuver les comptes de recettes et de dépenses présentés par
M. l'Ingénieur ordinaire Moffre pour la période de l'administration du
séquestre du chemin de fer de Graissessac à Béziers écoulée **du 1ᵉʳ janvier 1862 au 15 février 1866**, date de la remise de la ligne à la Compagnie
des chemins de fer du Midi et du canal latéral à la Garonne.

**2° D'arrêter au chiffre de 358.392 fr. 68 centimes le
débet de la faillite de la Compagnie du chemin de fer de
Graissessac à Béziers vis-à-vis de l'État.**

3° De décider que cette somme de 358.392 fr. 68 centimes sera prélevée
par la Compagnie des chemins de fer du Midi sur le solde du prix de rachat
du chemin de fer de Graissessac à Béziers et versée par elle à la Caisse centrale du Trésor, en exécution des dispositions de l'article 2 du décret impérial du 15 août 1858, à titre de remboursement des avances faites par l'Etat
pour l'achèvement des travaux du chemin de fer de Graissessac à Béziers et
pour l'exploitation du dit chemin.

Veuillez agréer, Monsieur le Ministre, l'expression de mon dévouement
respectueux.

Le Conseiller d'Etat, Directeur général des Ponts et Chaussées et des chemins de fer.

Signé : E. DE FRANQUEVILLE.

Approuvé :

Paris, le 25 juillet 1866,

Le Ministre de l'Agriculture, du Commerce et des Travaux publics.

Signé : ARMAND BEHIC.

Pour copie conforme,

Le Chef de bureau,

Signé : (Illisible)

Paris, *le 6 Octobre 1866.*

LES SYNDICS

de la Faillite

DE LA

COMPAGNIE du CHEMIN de FER

de Graissessac à Béziers

Rue de Lancry, 43

———•———

A son Excellence, le Ministre de l'Agriculture, du Commerce et des Travaux publics.

MONSIEUR LE MINISTRE,

Nous recevons la lettre que vous nous avez fait l'honneur de nous écrire **le 25 du dernier mois.** Vous voulez bien, dans cette dépêche, nous donner les détails des dépenses constitutives de l'excédent de débet mis à la charge de la faillite par le travail de la Commission chargée de vérifier les comptes de l'administration du séquestre du chemin de fer de Graissessac à Béziers et ajouter ne pas pouvoir nous transmettre copie des pièces justificatives de ces dépenses lesquelles sont déposées aux archives de la Cour des Comptes.

Conformément à votre demande, nous nous empressons, Monsieur le Ministre, de vous informer que les seules indications détaillées que vous nous transmettez nous paraissent pleinement suffisantes pour établir le complément de débet dont nous vous avions demandé la justification.

Nous acceptons donc définitivement la fixation à la somme de **trois cent cinquante-huit mille trois cent quatre-vingt-douze francs 68 centimes** de la créance restant due à ce jour à l'État par la Compagnie du chemin de fer de Graissessac à Béziers, et **nous tenons à votre disposition pour faire acquitter à votre administration cette somme au moyen des deniers restant dûs par la Compagnie du Midi sur le prix de son rachat.**

Nous prions seulement Votre Excellence de vouloir bien prévenir officiellement cette Compagnie du chiffre auquel la créance de l'Etat demeure fixée, afin que nous puissions retirer de ses mains l'excédent des sommes qu'elle nous reste devoir

Nous avons l'honneur d'être, avec un profond respect, Monsieur le Ministre, de Votre Excellence, ses très humbles et très obéissants serviteurs.

Signés : PHLAN DE LA FOREST.

CAMUSET.

Pour copie conforme,

Le Chef de bureau,

Signé : (Illisible)

FAILLITE

DE LA

Compagnie du Chemin de Fer

DE

GRAISSESSAC a BÉZIERS

— .—

REDDITION DE COMPTE

1er Août 1868

Extrait des minutes du Greffe du Tribunal de commerce de la Seine séant à Paris.

L'an 1868 le 1er août, 8 heures et demie du matin.

Par-devant nous, Jean-Baptiste Drouin, juge au Tribunal de commerce du département de la Seine séant à Paris et commissaire à la faillite de la Société dite Compagnie du Chemin de fer de Graissessac à Béziers, société anonyme dont le siège est à Paris, rue Taitbout, n° 45.

Étant en la salle ordinaire des Assemblées de créanciers sise audit Tribunal assisté de Julien-Mathurin-Marie Daniel, commis greffier assermenté près ce tribunal.

Ont comparu les sieurs Legendre. . . . .

. . . .

Tous créanciers vérifiés et affirmés, qualifiés et domiciliés au procès-verbal de vérification, ou mandataire desdits créanciers légalement convoqués en conformité de l'article 537 du code de commerce par lettre du greffier et insertions dans les journaux à l'effet de recevoir le compte des syndics définitifs et en cas d'approbation donner aux dits syndics décharge de leurs fonctions.

L'Assemblée étant constituée sous notre présidence, les anciens administrateurs de la Compagnie étant absents, quoique dûment appelés suivant acte de Mercier, huissier à Paris en date du 27 juillet dernier, enregistré, les sieurs Pihan de la Forest et Camuset, syndics, ont par l'organe du sieur Camuset, donné lecture de leur rapport sur l'état de la faillite et ont déposé à l'appui **le compte détaillé de leurs recettes et dépenses**, lesquels rapport et compte sont restés ci-annexés.

Il en résulte qu'une première répartition de 75 % a été faite aux créanciers et que déduction faite des créances privilégiées payées et des frais de syndicat, le solde de l'actif réalisé s'élève à la somme de 2.773.876 fr. 26 c. et représente un deuxième et dernier dividende de 16 fr. 61 c. 1 2 %, à la disposition des créanciers.

Après quelques observations faites par les sieurs Huart, Angot et Bernard et auxquelles il a été répondu par les syndics d'une manière satisfaisante, les créanciers consultés par nous ont à l'unanimité et sans réserves approuvé le compte rendu par le syndicat et l'Assemblée entière s'est associée aux remerciements adressés par le sieur Huart aux syndics pour le zèle et l'intelligence dont ils ont donné la preuve dans la défense des intérêts de la masse.

L'Assemblée ayant rempli sa mission nous l'avons dissoute.

De ce que dessus nous avons dressé le présent procès-verbal et l'avons signé avec le greffier.

Le Juge Commissaire,

Signé : DROUIN.

Le Greffier, signé : DANIEL.

Compte rendu par MM. Camuset et Pihan de la Forest, syndics, à Messieurs les créanciers de la faillite de la Compagnie anonyme du Chemin de fer de Graissessac à Béziers dont le siège était à Paris, rue Taitbout n° 45 en conformité de l'article 537 du code de commerce.

Le dit compte comprenant les recettes et paiements effectués par MM. Camuset et Pihan de la Forest en qualité de syndics provisoires, définitifs et après union. Du 21 février 1861 au 1ᵉʳ août 1866.

PREMIÈRE PARTIE

RECETTES

CHAPITRE VI

Recettes provenant de l'exploitation du Chemin de fer de Graissessac à Béziers.

La construction du Chemin de fer de Graissessac à Béziers n'étant pas achevée lorsqu'il a été mis sous séquestre par décret impérial du 12 mai 1858.

MM. Frécot Compaing et Moffre ingénieur des ponts et chaussées successivement chargés de l'administration du séquestre, ont, au moyen de crédits considérables, accordés par l'Etat, achevé les travaux de construction et ont ouvert la ligne d'abord au transport des marchandises ensuite des voyageurs.

Insuffisante au début pour couvrir ses frais, l'exploitation de la ligne n'a commencé à se développer qu'à une époque contemporaine de l'ouverture de la faillite, ses excédents de produits ont nécessairement dû être affectés alors au remboursement **des avances privilégiées de l'Etat** et ce remboursement n'était pas encore achevé lorsque **le 15 février 1866 le séquestre a été levé** et la ligne remise à la Compagnie du Midi.

Suivant les états produits aux syndics, les recettes et dépenses du séquestre depuis le 1ᵉʳ juillet 1858 époque de son ouverture jusqu'au 15 mai 1866 date à laquelle les comptes de l'exploitation, **arrêtée le 14 février précédent,** ont été définitivement réglés représentent le mouvement accusé par le tableau ci-après.

État analytique par exercice des dépenses et recettes de l'Administration du séquestre, du 1er juillet 1858 au 15 février 1866.

ANNÉES	RECETTES					DÉPENSES			EXCÉDENTS	
	Voyageurs	HOUILLES ET COKES	Marchandises diverses	Produits divers	TOTAL	Travaux neufs	Exploitation et Entretien	TOTAL	RECETTES	DÉPENSES
1858		11.494 29	7.752 61		19.246 90	418.427 89	81.572 11	500.000 »		180.753 10
1859	33.802 63	250.464 40	44.084 17	13.296 24	341.647 44	208.283 37	398.148 33	606.431 70		264.784 26
1860	101.333 02	142.695 »	58.530 50	15.287 »	317.845 52	19.736 51	345.723 65	365.460 16		47.614 61
1861	120.166 86	305.751 30	97.101 89	35.275 55	558.296 60	169.122 60	435.980 31	605.102 91		46.806 31
	255.302 51	748.425 66	297.168 17	62.276 79	1.237.036 46	815.570 37	1.261.424 40	2.076.994 77		
1862	137.997 33	423.700 89	117.603 91	14.449 55	693.751 68	82.951 89	446.848 84	529.810 73	163.940 95	
1863	149.344 79	497.216 29	135.649 98	16.397 »	798.608 06	260.737 74	529.989 10	790.726 84	7.881 22	
1864	154.534 06	553.649 32	123.081 04	27.951 49	859.215 91	406.262 29	428.583 62	831.845 91	24.370 »	
1865	160.360 94	496.919 91	144.796 68	23.035 »	825.112 53	200.011 35	411.005 49	611.016 84	214.095 69	
1866	19.015 51	78.207 60	2.134 49	35.514 70	134.872 33		63.594 56	63.594 56	71.277 77	
	621.252 66	2.049.694 01	523.266 10	117.347 74	3.311.560 51	949.973 27	1.880.021 61	2.829.994 88		
	876.555 17	2.760.099 17	730.735 27	181.206 53	4.548.596 97	1.765.543 64	3.141.446 01	4.906.989 65	481.565 63	839.958 31

PREMIÈRE PÉRIODE		DEUXIÈME PÉRIODE	
Dépenses	2.076.994 77	Recettes	3.311.560 51
Recettes	1.237.036 46	Dépenses	2.829.994 88
Différence en faveur des dépenses	839.958 31	Différence en faveur des recettes	481.565 63

COMPTE GÉNÉRAL

Dépenses	4.906.989 65	Excédent des dépenses	839.958 31
Recettes	4.548.596 97	Excédent des recettes	481.565 63
Différence en faveur du séquestre	358.392 68	Différence en faveur du séquestre	358.392 68

NOTA. — *Pour bien prouver qu'il est matériellement impossible de dégager du compte du séquestre aucune autre somme que celle de 358.392 fr. 68, nous avons tenu, pour la démonstration et la clarté de notre critique, à reproduire à l'encre rouge les sommes avec les calculs afférents à chacune des deux périodes et au montant total des recettes et des dépenses.*

D'après ce tableau le montant total des dépenses avancées par l'administration du séquestre s'élève à 4.906.989 65

Les recettes brutes produites par l'exploitation se sont élevées à 4.548.596 97

Par suite, au moment de la remise à la Compagnie du Midi, l'État demeurait créancier d'une somme de 358.392 68

Le paiement de cette somme à laquelle S. E. le Ministre des finances avait ajouté pour intérêts décomptés à 4 %, une réclamation complémentaire de 209.040 francs, qu'il a abandonné sur la demande des syndics, figure au chapitre 3me de la dépense.

En ce qui touche le présent chapitre les produits de l'exploitation s'étant trouvés, ainsi qu'il vient d'être expliqué, absorbés par le remboursement des avances de l'État, il y a seulement lieu de les mentionner pour « ordre ».

CHAPITRE VII

Recettes provenant du prix de cession de la ligne.

Pour l'intelligence des recettes détaillées à ce chapitre, il y a lieu de les faire précéder des observations suivantes :

La sentence rendue par MM. Combes, Busche et Maniel, arbitres souverains, le 17 juillet 1865 a fixé à 16 millions la somme due par la Compagnie des Chemins de fer du Midi pour prix du rachat de la ligne de Graissessac à Béziers.

Par suite des formalités administratives le décret impérial qui a homologué cette sentence et a incorporé le chemin de Graissessac dans le réseau de la Compagnie du Midi, a été rendu seulement **le 23 décembre 1865.**

En conformité de ce décret une décision ministérielle a fixé **au 15 février 1866** la date à laquelle le chemin de fer de Graissessac à Béziers serait remis à la Compagnie du Midi, en présence des syndics, par M. Moffre, ingénieur des ponts et chaussées, alors séquestre de ce chemin et spécialement commis pour procéder à la remise.

Durant le cours de ces formalités et dès le prononcé de la sentence, les syndics avaient demandé aux créanciers une première répartition.

Accueillant cette demande, la Compagnie du Midi a versé le 4 août 1865 500.000 francs et le 7 octobre suivant 13.500.000 francs ensemble 14 millions, devançant ainsi par le paiement des six septièmes du prix de son rachat sa prise de possession de la ligne dont l'exploitation alors sensiblement productive continuait néanmoins au profit de la faillite, la Compagnie du Midi a demandé aux syndics l'intérêt a 5 % de cette avance jusqu'à la date de son entrée effective en jouissance.

Les syndics ont décliné cette demande mais dûment autorisée par M. le Juge Commissaire pour donner à la Compagnie du Midi une légitime indemnité de son avance, ils ont reconnu qu'elle aurait droit à partir du 7 octobre 1865 jusqu'au jour de sa prise de possession à une allocation de 50 % des produits bruts de l'exploitation. Cette allocation s'est réglée par une somme de 157.898 fr. 40 c. qui figure au chapitre 3ᵐᵉ de la dépense.

D'un autre côté au moment de la remise du Chemin de fer de Graissessac S. E. le Ministre des travaux publics a notifié à la Compagnie du Midi que l'Etat était créancier tant en principal qu'en intérêts d'une somme de 746.842 fr. 22 c. et il a invité la Compagnie à retenir cette somme sur le solde de prix qu'elle avait à verser aux syndics

Nonobstant cette notification dans un règlement de compte du 8 mars 1866 la Compagnie du Midi a consenti à restreindre à 600.000 francs la somme restant entre ses mains à la garantie de la créance de l'Etat et les intérêts dus par elle sur cette somme et qu'elle entendait limiter à 3 % taux égal à celui d'une consignation judiciaire ont été sur la demande des syndics élevés à 4 %.

Par suite de ce règlement, les intérêts du solde du prix du rachat de la ligne de Graissessac à Béziers courant à compter du 15 février 1866 date de la remise de cette ligne à la Compagnie du Midi ont été calculés à partir de cette date jusqu'à celle des paiements effectifs, savoir :

Sur la somme de 600.000 francs conservée pour la garantie de la créance de l'Etat à 4 %, et à 5 % sur le surplus.

De là, les recettes suivantes divisées en dix paragraphes :

PARAGRAPHE PREMIER

1865. Août, 4. — De la Compagnie du Chemin de fer du Midi a valoir sur le prix de rachat de la ligne............................ 500.000 »

1865. Octobre, 7. — De la même Compagnie deuxième acompte sur le prix de rachat de la ligne... 13.500.000 »

A reporter.... 14.000.000 »

| | *Report*. . . . . | 11.000.000 | » |

1866. Mars, 8. — De la même, 3e acompte sur prix de rachat de la ligne................... | 1.209.947 60

1866. Juillet, 7. — De la Compagnie du Midi, dès le 7 mai dernier, versé à M. Moffre pour compte de la faillite, 4e acompte sur le capital de son prix de rachat........................... | 4.404 75

1866. Juillet, 7. — De la Compagnie du Midi, ce jour, 5eme acompte sur le même capital........ | 247.846 30

1866. Décembre, 14. — De la compagnie du Midi, ce jour, solde du même capital.............. | 537.801 35 | 16.000.000 »

PARAGRAPHE 2eme

Payements d'intérêts.

1866. Juillet, 7. — De la Compagnie du Midi, intérêts suivant règlement du 8 mai dernier, à compter du 15 février précédent savoir:

A 5 % sur 190.052 fr. 40 jusqu'au 7 mai, et sur 185.647,05 du 8 mai à ce jour.............. | 3.709 90

A 4 % sur 62.198 fr. 65, du 15 février à ce jour................................... | 981 35

1866. Décembre, 4. — **De la Compagnie du Midi, intérêts à 4 o/o sur 358.392 58, partie de ce capital du 15 février au 30 octobre dernier** | 10.194 27

De la même intérêts à 4 % sur 179.408,67, solde dudit capital du 15 février au 4 décembre courant .... | 5.780 95 | 20.666 47

Total du chapitre VII...... | 16.020.666 47

CHAPITRE VIII

Recettes provenant de la vente du matériel, non compris dans l'adjudication de la ligne.

1866. Avril, 13. — 27 articles vendus à divers acquéreurs se montant à la somme de 60.743 48

CHAPITRE IX

Recettes provenant de recouvrement de créances.

Du 4 juin au 2 février 1867, recouvrement de 10 créances se
montant à.. 98.869 83

CHAPITRE X

Recettes diverses.

Du 8 mars 1861 au 25 avril 1868. — Recouvrement de 59 articles de créan-
ces... 12.267 41

CHAPITRE XI

Recettes provenant d'intérêts des fonds déposés
la Caisse des Dépôts.

1867. Février, 5. — Montant des intérêts composés dans les
paiements opérés par la Caisse des consignations jusqu'au
5 février 1868.. 108.533 35

1867. Mars, 15. — Supplément d'intérêt produits audit jour par
. les dépôts.. 68.514 60

1867. Août. — Solde des intérêts produits au 22 août 1868........ 37.148 20

TOTAL du chapitre XI........ 214.496 15

RECAPITULATION DES RECETTES

Chapitre 1er. — Recettes provenant des fonds encaissés à l'ouverture de
la faillite.. 22.998 53

Chapitre II. — Recettes provenant des mobiliers de Paris et
de Béziers.. 5.568 16

Chapitre III. — Recettes provenant des ventes des voitures
de Toulouse.. 35.905 56

A reporter. 64.472 25

<table>
<tr><td>Report . . . . .</td><td align="right">61.472 25</td></tr>
<tr><td>Chapitre IV. — Recettes provenant de vente des rails et fers récupérés par le séquestre</td><td align="right">115.695 70</td></tr>
<tr><td>Chapitre V. — Recettes provenant prix de terrains expropriés payés en double emploi</td><td align="right">1.777 98</td></tr>
<tr><td>Chapitre VI. — Recettes provenant des produits de l'exploitation de la ligne</td><td align="right">Ordre</td></tr>
<tr><td>Chapitre VII. — Recettes provenant du prix de cession de la ligne en capital et intérêts</td><td align="right">16.020.666 47</td></tr>
<tr><td>Chapitre VIII. — Recettes provenant de la vente de matériel non compris dans la cessions de la ligne</td><td align="right">60.743 48</td></tr>
<tr><td>Chapitre IX. — Recettes provenant du recouvrement des créances</td><td align="right">68.860 83</td></tr>
<tr><td>Chapitre X. — Recettes provenant de causes diverses</td><td align="right">12.267 41</td></tr>
<tr><td>Chapitre XI. — Recettes provenant des fonds déposés à la Caisse des dépôts</td><td align="right">214.496 15</td></tr>
<tr><td align="right">Total des recettes</td><td align="right">16.558.980 27</td></tr>
</table>

DEUXIÈME PARTIE

CHAPITRE III

Paiement des créances et allocations privilégiées. — Prix de transactions, indemnités et condamnations diverses.

<table>
<tr><td>1862. Janvier, 7. — A M. Valpinçon, solde de prix de transaction, de résiliation de bail, rue Taitbout n° 45</td><td align="right">8.000 »</td></tr>
<tr><td>1862. Février, 7. — Enregistrement du jugement d'homologation de transaction avec M. Valpinçon</td><td align="right">200 20</td></tr>
<tr><td>1862. Février, 7. — Enregistrement du jugement d'homologation de transaction avec M. Thibaut</td><td align="right">99 44</td></tr>
<tr><td>1862. Octobre 12. — A M. Thibault, solde de prix de transaction.</td><td align="right">7.830 »</td></tr>
<tr><td>1865. Janvier, 11. — A la Compagnie Le Monde, primes d'assurances sur polices n°ˢ 1270, 1271, 1272</td><td align="right">2.167 65</td></tr>
<tr><td align="right">A reporter . . . . .</td><td align="right">18.297 29</td></tr>
</table>

Report 18.297 29

1865. Janvier. 21. — A la Compagnie La Confiance, primes d'assurances sur polices n°ˢ 30267, 30268, 30269 . . . .   2.167 05

1865. Septembre, 11. — A M. Feucrès, avoué, solde de la créance privilégiée des époux Esprit-Roquette : 304 fr. 70 cours de chargement et commission de la Poste 1 fr. 90 . . . .   306 60

1865. Octobre, 19. — A M. Heurtey, solde du prix de transaction   2.000 »

1865. Octobre, 19. — Note de frais payée à M. Schaye 102 20

1865. Décembre, 6. — A. M. Moffre, par la poste, pour gratification aux employés du séquestre pour travaux exceptionnels faits en dehors de l'administration du séquestre. A divers . . . .   2.100 »

1865. Mars. — A M. Bessières, solde de dommages pour l'éboulement de remblai . . . .   70 »

1866. Janvier, 17. — A la Compagnie Le Monde, primes d'assurances suivant polices n°ˢ 1270, 1271, 1272 . . . .   2.161 05

1866. Janvier, 17. — A la Compagnie La Confiance, prime d'assurance suivant polices n°ˢ 30267, 30268, 30269 . . . .   2.161 05

1866. Mars, 8. — A la Compagnie du Midi, suivant règlement de compte de ce jour moitié des produits bruts de la ligne de Graissessac à Béziers, du 7 octobre au 15 février dernier ; la dite moitié à elle due depuis le 7 octobre en rémunération du versement de quatorze millions opéré ce jour à valoir sur son prix de rachat . .   157.898 40

1866. Mars, 14. — A M. Moffre, gratification finale aux employés du séquestre pour travaux extraordinaires en dehors du service de l'administration du séquestre . . . .   2.800 »

1866. Avril, 21. — Aux anciens administrateurs de la Compagnie, indemnité fixée par transaction homologuée . . . .   10.300 »

1866. Avril, 18. — A M. Leygnadier, solde de sa créance privilégiée 2.262 93

1866. Avril, 23. — A M. Frogier, complément de dividende de 75 % par suite d'erreur selon bordereau . . . .   75 »

1866. Mai, 31. — A M. Delacroix, montant de l'indemnité allouée par M. le Juge Commissaire pour services rendus et cessation d'emploi . . . .   5.000 »

1866, Octobre, 30. — **A la Caisse centrale du Trésor, versée par les mains de la Compagnie du Midi, solde des travaux privilégiés dûs à l'État, suivant décompte établi au chapitre VI des recettes** . . .   358.392 68

A reporter 566.096 05

Report..... 566.096 05

À M. Resseguier, montant de sa créance privilégiée.......... 682 70

1868. Juin. 22. — À M. Barthélemy, solde en principal et accessoire des condamnations prononcées à son profit.............. 2.161 10

1868. Juin. 26. — À M. Delacroix, pour solde de rémunération des affaires suivies à Béziers du 31 mai 1856 à ce jour, réglé par M. le Juge Commissaire .... 600 »

À la Compagnie de l'Ouest, montant en principal et accessoires des condamnations prononcées par les jugements des 4 avril et 22 juin 1866, litige Roqueblau.............................. 954 10

TOTAL du chapitre III.......................... 570.493 95

Certifié le présent compte sincère et véritable.

Paris le 18 juillet 1868.

Les syndics respectifs :

Signés : PIHAN DE LA FOREST.

A. CAMUSET.

Lequel compte rendu a été enregistré à Paris le 5 août 1868 folio, 41 case 6ᵉ. Reçu 1 fr. 15 c. décimes compris.

Le Receveur,

Signé : (*illisible*)

Collationné, Pour copie Conforme :

Le Greffier,

(Signé)

Imp. Vve J. DENOLLE, 2 et 4, passage Véro-Dodat.

CERTIFICAT DE DÉPOT

Consignation. — Chemin de Fer de Graissessac

Je, soussigné, Receveur particulier des Finances, préposé à la Caisse des Dépôts et Consignations, certifie qu'il a été versé à ma caisse à titre de Consignation :

Le 7 Février 1866 par déclaration n° 164	120.000 »
» 21 Février 1866 » » n° 1	30.000 »
» 3 Mars 1866 » » n° 8	10.000 »
» 10 Avril 1866 » » n° 18	23.000 »
» 15 Mai 1866 » » n° 30	2.373 47

Ensemble. . . . 185.373 47

montant des recettes provenant de l'exploitation du dit chemin de fer, versées par M. Martin, receveur du séquestre en exécution des prescriptions de la lettre de Monsieur le Ministre de l'Agriculture du Commerce et des Travaux Publics en date du 31 Janvier 1866.

Et que les intérêts de cette somme dus par la Caisse des Dépôts et Consignations et calculés jusqu'à l'époque du 7 Février 1896, s'élèvent à 161.809 55

En foi de quoi, j'ai délivré le présent certificat à Mᵉ Cazals, avoué à Béziers sur sa réquisition.

A Béziers, le 22 Décembre 1895.

Le Préposé de la Caisse des Dépôts,

(Signé)

CERTIFICAT DE DÉPOT ET D'OPPOSITION

Consignation. — Chemin de fer de Graissessac, consignation ordonnée par Monsieur le Ministre de l'Agriculture, du Commerce et des Travaux publics.

185.373 fr. 47.

Je, soussigné, Receveur particulier des Finances de Béziers, préposé à la Caisse des dépôts et consignations, certifie qu'il a été versé à ma caisse, **à titre de consignation,** les 7 février, 21 février, 3 mars, 10 avril et 15 mai 1866, la somme de cent quatre-vingt-cinq mille trois cent soixante-treize francs quarante-sept centimes, **provenant d'une somme appartenant à la Compagnie du chemin de fer de Graissessac et consignée en vertu d'une ordonnance de Monsieur le Ministre de l'Agriculture, du Commerce et des Travaux publics,** inscrite sur le registre des déclarations de versement sous les numéros 161, 1, 8, 18 et 30, et que les intérêts de la dite somme dus par la Caisse de Dépôts et Consignations et calculés jusqu'au 7 Février 1896 s'élèvent à la somme de 161.809 fr. 55, **enfin que ces sommes sont frappées de deux oppositions, savoir :**

(1°. Toutes les deux de M. Fraisse).

En foi de quoi j'ai délivré le présent certificat à la réquisition de Mr CAZALS, avoué à Béziers.

Béziers, le 8 Septembre 1897.

Le Préposé,

(Signé)

FRAISSE

CONTRE LE

Trésor public

————

Mᵉ CAZALS,

Mᵉ GELY,

avoués

————

Du 9 Mars 1898.

SOMMATION DE COMMUNIQUER

L'an mil huit cent quatre-vingt dix huit et le 9 Mars.

Je, huissier, soussigné, au requis de Mᵉ CAZALS, avoué de parties ai signifié et remis copie à Mᵉ GELY, avoué adverse, étant en son étude et parlant à un clerc du présent, de l'acte ci-après :

Coût : 30 centimes.

Signé : DORCHE huissier.

Mᵉ CAZALS, avoué près le tribunal civil de Béziers, occupant pour le sieur FRAISSE, généalogiste à Montpellier, fait par la présente sommation à Mᵉ GELY, avoué près le même tribunal, occupant pour le trésor public.

D'avoir à déclarer, s'il entend communiquer ou non, au lieu des copies informes et dépourvues d'authenticité qui ont été communiquées, les originaux même des dites copies afférentes à : 1° **La liquidation des dépenses et recettes du 6 Juillet 1863 ;** 2° La décision ministérielle du 25 Juillet 1866 : 3° La lettre des Syndics à M. le Ministre des travaux publics en date du 6 Octobre 1866 ; 4° **Les originaux ou les talons détachés des 91 récepissés correspondants au chiffre de 1.508.273 fr. 10** énumérés dans un état dressé par M. l'Ingénieur Motfre en date du 22 Novembre 1863 ; 5° un extrait certifié conforme du compte de débet constaté au profit du trésor, en éxécution de l'art. 13 de la loi du 20 Juin 1850 ;

Lui déclarant que, faute de ce faire, le dit Mᵉ CAZALS se pourvoiera à telles fins que de droit.

Sous toutes réserves ; — Dont acte.

Signé : CAZALS.

FRAISSE

CONTRE LE

Trésor public

—•—

RÉPONSE DE Mᵉ GELY

Avoué du Trésor

.

Le Neuf Mars 1898 : Requête de Mᵉ GELY, avoué du Trésor public, signifié et baillé copie de l'acte ci-dessous et du présent à Mᵉ Cazals, avoué adverse en l'étude parlant au clerc.

Coût : 0 fr. 30.

Signé : GUIRAUD, huissier.

Mᵉ GELY, avoué près le Tribunal civil de Béziers, occupant pour le Trésor public : déclare à Mᵉ Cazals, avoué près le dit Tribunal, occupant pour le sieur Fraisse Généalogiste à Montpellier : Qu'il proteste de la sommation à lui signifiée par acte du Palais, en date du 9 Mars courant, du Ministère de Dorche, huissier à Béziers, motifs pris de ce que : Les pièces 1, 2 et 3, ont été communiquées en copies conformes et certifiées, de plus communication **des récepissés de consignations afférents à la somme litigieuse** (1) et du décret du 12 Mai 1858, plaçant la Compagnie sous séquestre, qu'au besoin, ces pièces sont toujours à la disposition de l'intéressé, soit amiablement, soit par voie régulière, sous toutes réserves.

Dont acte,

Signé : GELY, Avoué.

---

(1) On glisse à côté de la question, on représente les talons et non les récepissés (au nombre de cinq) de la somme litigieuse, versée à la caisse de Dépôts de Béziers, tandis qu'on demandait communication des 91 récepissés ou des talons, au choix de l'Etat, afférents à la somme de 1.508.273 fr. 10, versée **dans les caisses de l'Etat.**

LETTRE DU PERCEPTEUR DE BÉDARIEUX

à Monsieur le Receveur des Finances

Je viens de trotter toute la matinée pour essayer d'obtenir les renseignements relatifs à la Consignation des Chemins de fer de Graissessac, mais je ne puis fournir aucune indication. M. Rivez, notaire, n'a rien trouvé dans les minutes de 1865 et 1866 de l'ex-notaire Théron, dont l'étude était celle de la Compagnie paraît-il ; M. Rivez lui-même ne sait rien.

J'ai vu en outre un ancien chef de gare de la Compagnie de Graissessac à Béziers qui m'a dit que M. Martin receveur du séquestre était mort et que tous les documents de Comptabilité furent adressés à Bordeaux lors de l'achat par la Compagnie du Midi, des chemins de fer de Béziers à Graissessac qui avaient appartenu à une Compagnie Ory, je crois, ce M. Martin qui fut séquestre était ingénieur de la Compagnie.

La section de Béziers date d'assez loin et doit d'ailleurs dans ses actions conserver trace de cette grosse affaire.

Je conserve votre note, donnez-moi en outre des renseignements plus précis si possible et je continuerai à m'enquérir auprès des personnes que je saurai devoir être compétentes.

RAUZIER.

COUR D'APPEL DE MONTPELLIER

Audience du 17 Juillet 1899

ARRÊT :

République Française. Au nom du Peuple Français. La Cour d'Appel de Montpellier, 1re Chambre Civile, a rendu l'Arrêt dont la teneur suit :

Audience publique du 17 Juillet 1899. Entre le Trésor public, poursuites et diligences de M. l'Agent Judiciaire, Hôtel du Ministère des Finances, domicilié à Paris, intimé, ayant Me COFFINIÈRES pour Avoué. Et le sieur NOGIER DE SOLIGNAC, Receveur des Finances à Béziers et domicilié, pris en qualité de préposé à la Caisse de Dépôts et Consignations, intimé, ayant Me FÉGURIER pour avoué.

Et le sieur François-Joseph FRAISSE, Généalogiste, domicilié à Montpellier, appelant, ayant Me GUIZARD pour avoué.

FAITS : Suivant réquisition faite sur les registres du Greffe du Tribunal Civil de Béziers en date du 30 Octobre 1897, Me CAZALS, Avoué, constitué du sieur FRAISSE, Généalogiste, exposait. . . . .

. . . .

. . . .

Attendu que Fraisse, créancier de la Société anonyme du Chemin de fer de Graissessac à Béziers, déclarée en faillite suivie d'union et clôturée le 30 octobre 1863, a frappé de trois oppositions s'élevant ensemble à 137.000 francs une somme de 185.373.47 c. déposée en cinq versements à la Caisse des dépôts et consignations au nom de la Compagnie des Chemins de fer de Graissessac depuis les 7, 21 février, 3 mars, 10 avril et 15 mai 1866.

Que depuis 1866, les intérêts calculés jusqu'au 7 février 1896 s'élèvent à 161.809 fr. 55 c., soit pour le montant de cinq versements ajouté aux intérêts une somme totale de 347.183 fr. 02 c.

Attendu qu'une distribution par contribution judiciaire ayant été ouverte pour arriver au partage de la dite somme, le juge commissaire par ordonnance du 30 octobre 1897, autorisa Fraisse à faire aux créanciers opposants et à la Compagnie les sommations et dénonciations prescrites par la loi ; et que suivant contredit du 18 janvier 1898, le Trésor public déclara s'opposer à la distribution par contribution requise par Fraisse, motif pris de ce que la somme déposée était la propriété exclusive de l'Etat.

Attendu que Fraisse, à son tour, suivant contredit du 2 février 1898, déclare que le délai d'un mois imparti par l'art. 660 du Code de procédure civile étant expiré, la forclusion que cet article prononce entraînait la déchéance du droit de contredit par le Trésor, que ces différents contredits soulèvent la question de la propriété des sommes déposées.

Attendu que suivant décret du 12 mai 1858, la Compagnie fut placée sous séquestre et qu'à partir de cette date jusqu'au 15 février 1866, le Chemin de fer de Graissessac à Béziers fut administré et exploité sous la direction du Ministre des travaux publics qui perçut tous les produits directs ou indirects du chemin de fer pour les appliquer exclusivement tant au service de l'exploitation de la partie ouverte à la circulation qu'à l'achèvement des travaux non encore terminés.

Que le séquestre **ayant pris fin le 15 février 1866** par la remise du chemin de fer à la Compagnie du Midi acquéreur, **il fut procédé au règlement des comptes entre l'État séquestre et les syndics de la faillite, que la Commission administrative constata par son rapport du 5 juillet 1866 que l'État créancier pour avances de 358.392 fr. 68 et qu'elle arrive à ce chiffre en déduisant des avances de l'État une somme de 185.373 fr. 47 qui lui avait été versée en cinq versements successifs pendant l'année 1866.**

Attendu qu'il suit de l'apurement de ces comptes définitifs que l'Etat a été remboursé de 185.373 fr. 47 c., c'est-à-dire qu'il est devenu propriétaire depuis le 6 juillet 1866 de la somme en question et que dès lors on ne saurait lui faire un grief de ne pas l'avoir retirée de la Caisse des dépôts et consignations. Qu'en supposant qu'il ait été oublieux, il l'a été de ses propres deniers et que le laps de temps couru ne peut avoir pour effet de lui avoir fait perdre la propriété de la somme consignée.

Que la consignation à son origine était d'ailleurs inévitable avant le règlement des comptes qui seul devait fixer le solde de la créance de l'Etat et que l'approbation par le Ministre et par les Syndics de l'arrêté de compte rendait seule définitifs les paiements faits à l'Etat.

Attendu que pour échapper à ces constatations, Fraisse est obligé de supposer qu'il y a eu dans le courant de l'année 1866, deux sommes de 185.373 fr. 47 c. déposées toutes deux en cinq versements, supposition qui n'est ni sérieuse ni prouvée **et que le Trésor public a fait la preuve de sa propriété.**

Attendu qu'aux termes de l'article 2 du décret du 15 août 1858, l'Etat séquestre ne devait verser tout ou partie du crédit de 940.000 francs qui est applicable aux dépenses à faire tant pour l'achèvement des travaux que pour l'exploitation qu'à titre d'avances et s'en rembourser par privilège ; que c'est en vertu de ces dispositions formelles que les syndics ont ordonné le versement dans les caisses de l'Etat de la somme de **185.373 fr. 47**, et que cette somme quoique laissée par l'Etat entre les mains du préposé à la Caisse des dépôts et consignations au nom de la Compagnie de Graissessac **a été, du consentement de tous, donnée en paiement à l'État** dès 1866 ; qu'il ne saurait donc être question aujourd'hui des formalités prévues par l'article 660 du C. de p. c. puisque dès 1866, la somme de 185.373 fr. 47 c. était sortie des mains de la Compagnie.

Adoptant au surplus les motifs des premiers juges et notamment en ce qui concerne : **1° la revision de compte demandée par Fraisse**, 2° le moyen de prescription qu'il oppose au Trésor, 3° le moyen tiré de la forclusion édictée par l'article 660 du C. de p. c., 4° la nullité de la procédure de distribution soulevée par le Trésor et 5° la mise en cause du préposé à la Caisse des dépôts et consignations.

La Cour statuant sur l'appel émis par Fraisse contre le jugement du Tribunal de Béziers en date du 2 juillet 1898, le déclare mal fondé, l'en déboute, confirme le jugement entrepris, dit qu'il sortira son plein et entier effet ; condamne l'appelant à l'amende et aux dépens.

Imp. Vve J. DENOLLE, 2 et 4, passage Véro Dodat

MINISTÈRE

de l'Agriculture du Commerce

et des Travaux Publics

—·—

LETTRE

de Monsieur le Ministre des Travaux Publics

A

M. MARTIN, Receveur du séquestre à Béziers

Paris, le 31 Janvier 1866.

Je vous autorise volontier à verser à la Caisse de M. le Receveur des finances les sommes **provenant ou a provenir de l'exploitation des chemins de fer de Graissessac à Béziers**.

Il devra être toutefois spécifié dans les récépissés qui vous seraient remis que les dites sommes sont versées à titre de dépôt et pour être attribuées ultérieurement à qui de droit.

EXTRAIT DU JOURNAL "LE DROIT"

du Samedi 30 Mars 1901, n° 76

JURIDICTON CIVILE

COUR DE CASSATION (Chambre des requêtes)

Présidence de M. Taxon, président

Audience du 2 Janvier 1901

I. FAILLITE. — CONCESSIONNAIRE. — PRIVILÉGE. — CRÉANCE DE L'ÉTAT. — OPÉRA-
TIONS ADMINISTRATIVES. — RÈGLEMENT. — DÉLÉGATION. — SOMMES DÉPOSÉES
A LA CAISSE DES DÉPOTS ET CONSIGNATIONS. — SAISIE-ARRÊT.

II. DISTRIBUTION PAR CONTRIBUTION. — SAISIE-ARRÊT. — DÉCHÉANCE. — ART. 660
C. PR. CIV. — APPLICABILITÉ.

I. *Le règlement d'une créance de l'Etat (créance résultant d'opérations purement administratives, telles que la gestion d'un séquestre par un ministre)
contre la faillite d'une Compagnie concessionnaire d'un chemin de fer
n'est pas soumis aux formalités prescrites par les art. 495 et suiv. C. com.:
il peut y être procédé par une commission administrative, et les syndics
peuvent acquiescer à la décision de cette commission en déléguant à
l'Etat, par imputation sur le montant de ses droits, des sommes déposées
à la Caisse des consignations pour le compte de la faillite.*

*L'Etat ayant été ainsi saisi de ces fonds au regard des créanciers de la faillite
légalement représentés par les syndics, un de ces créanciers n'a pu, prétendant être un tiers au sens de l'article 1690 C. civ., former, en vertu de
la disposition transitoire de la loi de finances du 16 avril 1895, une saisie-
arrêt sur les fonds consignés, sous le prétexte que l'Etat avait, pendant
trente ans, omis de faire signifier son transport à la Caisse et d'en retirer
les deniers qui lui auraient été attribués.*

II. *La déchéance édictée par l'art. 660 C. pr. civ., contre des créanciers qui
produisent tardivement à une contribution, n'est pas opposable à la partie
qui n'intervient à cette procédure que pour soutenir qu'il n'y a pas lieu
d'y donner suite, parce que la somme frappée d'opposition n'appartient
pas au débiteur contre lequel la saisie-arrêt a été pratiquée.*

Ainsi jugé par le rejet du pourvoi de M. Fraisse contre un arrêt de la
Cour de Montpellier rendu, le 17 juillet 1899, au profit du Trésor public.

La Chambre des requêtes, après avoir entendu le rapport de M. le conseiller Cotelle, la plaidoirie de Me Chabrol, avocat, et les conclusions conformes de M. l'avocat général Melcot, a rendu l'arrêt suivant :

« La Cour,

« Sur les deux moyens réunis, pris de la violation des art. 1690, 1998, 2262 C. civ., 421, 493, 529, 547, 552, 565, 567, 569 C. com., 660 C. pr. civ., 7 de la loi du 20 avril 1810 :

« Attendu qu'il résulte des constatations de l'arrêt attaqué que, lorsque la Compagnie du chemin de fer de Graissessac à Béziers a été déclarée en faillite, le 21 février 1861, l'exploitation de sa concession était, en vertu d'un décret du 12 mai 1858, sous le séquestre du ministre des travaux publics, à qui un second décret du 13 août suivant avait ouvert, pour les dépenses dudit séquestre, un crédit de 940.000 francs, garanti par le privilége des frais faits pour la conservation de la chose, sur le prix à provenir de la future cession de l'entreprise et avant tout sur les recettes de ladite exploitation;

« Attendu que, les opérations de ce séquestre ayant été purement administratives, ce n'était pas devant le juge commissaire de la faillite que pouvait en être établi et discuté le compte, lequel, approuvé par décision ministérielle du 25 juillet 1866, a fait ressortir, comme devant être attribué à l'Etat, pour le remplir d'autant sur ses avances, une somme principale de 185.373 francs déposée à la Caisse des consignations à titre de recettes opérées par l'Etat lui-même dans la gestion dont le service des travaux publics avait été chargé;

« Attendu qu'à la date du 6 octobre 1866, cette attribution a été consentie par les syndics de la faillite, lesquels ont ainsi transporté au Trésor public les droits que pouvait avoir la Compagnie de Graissessac sur les deniers dont s'agit; que, par le moyen de cette combinaison, la créance privilégiée de l'Etat s'est trouvée réduite à la somme de 358.392 francs, dont le Trésor a été rempli, le 30 octobre 1866, par prélèvement sur le prix du traité de cession conclu avec la Compagnie du Midi, tandis que ce prélèvement se serait élevé à 543.765 francs, si l'Etat n'avait pas été constitué bénéficiaire de la différence qu'il devait recevoir de la Caisse des consignations.

« Attendu que c'est en vain que, nombre d'années après la clôture et le réglement définitif de la faillite, le demandeur en cassation, agissant comme créancier de la Compagnie de Graissessac, prétend n'avoir point à faire état du transport sus-énoncé qui, d'après le pourvoi, ne lui serait point opposable : 1° parce que les syndics auraient excédé leurs pouvoirs en réglant la créance de l'Etat sans qu'elle fût vérifiée dans les formes ordinaires ; 2° parce que, faute d'avoir fait, dans le laps de 30 ans, aucune diligence pour réaliser le profit de ce transport, l'Etat aurait encouru la prescription; 3° parce que l'Etat aurait encouru, dans tous les cas, la forclusion résultant de l'art. 660 C. pr. civ., faute d'être intervenu dans le mois à partir de l'ouverture de la procédure de contribution:

« Attendu que les formalités prescrites soit par l'art. 487, soit par les art. 491 et suiv. C. com., n'étaient pas applicables à l'admission de la demande

de l'État réclamant le remboursement privilégié d'avances par lui faites pour
assurer la marche d'un service public laissé en souffrance par la Société qui
en avait obtenu la concession;

« Attendu que cette Société et ses créanciers, ayant, par l'organe des
syndics de la faillite, consenti à l'État la délégation des sommes consignées,
n'ont pu prescrire contre les effets de cette délégation, quelque délai qui se
soit écoulé sans que le Trésor retirât de la Caisse des consignations les fonds
dont il était dès lors réputé saisi « au regard des cédants », en vertu de
l'art. 1689 C. civ. : que c'était seulement pour opérer cette saisine « au regard
des tiers » que l'art. 1690 exigeait la signification du transport à la Caisse des
consignations; et que Fraisse ne saurait prétendre à cette qualité de « tiers »
puisque, comme membre de la masse créancière de la faillite, il a été représenté par les syndics dans les actes ayant pour objet le règlement de la
créance de l'État;

« Attendu que le Trésor, intervenant dans la procédure de contribution,
non pour s'y faire admettre comme partie prenante, mais pour s'opposer à ce
qu'il y fût donné suite au préjudice de son droit acquis sur la somme à distribuer, n'était point passible de la déchéance édictée contre les productions
tardives par l'art. 660 C. pr. civ.: qu'en statuant ainsi, la Cour d'appel, dont
la décision est suffisamment motivée, n'a violé aucune loi;

« Rejette. »

JUGEMENT DONT EST APPEL

REPUBLIQUE FRANÇAISE, etc.

Jugement rendu par la première Chambre du Tribunal civil de Béziers.

Audience du 2 juillet 1898

En la cause du sieur **Joseph FRAISSE**, généalogiste, domicilié à Montpellier (Mᵉ Cazals) (appelant, Mᵉ Guizard) ;

Contre : 1° le **Trésor public**, poursuites et diligences de M. l'agent judiciaire, hôtel du ministère des finances, domicilié à Paris (Mᵉ Gély) ; 2° le sieur **NOGIER DE SOLIGNAC**, receveur des finances à Béziers, y domicilié, pris en qualité de préposé à la Caisse des Dépôts et Consignations (Mᵉ Gély) (intimés, Mᵉ Coffinières).

FAITS :

Suivant réquisition faite sur les registres du greffe du Tribunal civil de Béziers, en date du 30 octobre 1897, Mᵉ Cazals, avoué constitué du sieur Joseph Fraisse, généalogiste, domicilié à Montpellier, exposait à M. Nègre, juge commissaire, qu'il avait été versé à la Caisse des **Dépôts et Consignations**.

EN DROIT :

Le Tribunal après délibéré :

Attendu qu'un décret du 27 mars 1852 a concédé le chemin de fer de Graissessac à Béziers à une Compagnie autorisée par un second décret du 26 février 1853 à se contituer en Société anonyme ; qu'un troisième décret, en date du 12 mai 1858, plaça le chemin sous séquestre transmettant l'administration et l'exploitation au ministre des travaux publics ;

Attendu qu'un jugement du Tribunal de commerce de la Seine du 21 février 1861, confirmé le 14 juillet 1862 par un arrêt de la Cour de Paris, a déclaré la Compagnie en état de faillite ; que cette faillite fut suivie d'union et clôturée le 30 octobre 1863 ;

Attendu qu'il appert d'un certificat délivré le 8 septembre 1897 par M. le Receveur des finances de Béziers qu'une somme de 185.373 fr. 47 cent., appartenant à la Compagnie des chemins de fer de Graissessac, a été déposée à la Caisse des dépôts et consignations les 7, 21 février, 3 mars, 10 avril et 15 mai 1866 ; que, depuis cette époque, les intérêts calculés au 7 février 1896 s'élèvent à 161,809 fr. 55 cent. ;

Attendu que ces sommes ont été frappées, requête du sieur Fraisse de trois oppositions en date des 20 mai 1896, 26 juin et 7 septembre 1897, ensemble pour 137.000 francs ; qu'une distribution de la somme de 185.373 fr. 47 cent. ayant été ouverte par ordonnance du 30 octobre 1897, le Trésor public, par un dire du 18 janvier 1898, a déclaré s'opposer à ce qu'il y fût procédé, motifs pris de ce que ladite somme serait la propriété de l'Etat et qu'aucun créancier de l'ancienne Compagnie de Graissessac à Béziers n'y saurait prétendre droit ;

Attendu que Fraisse a appelé dans la cause, par exploit du 22 mars 1898, M. le Receveur des finances, pris en sa qualité de préposé à la Caisse des dépôts et consignations ; que c'est en cet état des faits que le Tribunal a à se prononcer ;

Attendu que l'administration du séquestre ayant pris fin le 15 février 1866 par la remise du chemin à la Compagnie du Midi qui en avait effectué l'achat, il dut être procédé au règlement à cette date des comptes ayant existé entre l'Etat et les syndics de la faillite pendant l'exercice du séquestre ; qu'une commission administrative nommée à cet effet eut ainsi à établir la situation des dépenses faites par l'Etat pour le compte de la Compagnie et des recettes provenant de l'exploitation du chemin ; qu'elle a constaté par son rapport en date du 6 juillet 1866 que les dépenses pour toute la période d'administration du séquestre se sont élevées à 4.406.989 fr. 65 cent., alors que les recettes ne se sont chiffrées que par 4.548.546 fr. 97 cent., par où l'Etat devait être constitué créancier envers la Compagnie de Graissessac du chef des avances par lui faites de la différence, soit : 358.392 fr. 68 cent. :

Attendu qu'il importe de relever dans cet état liquidatif une mention capitale ; qu'il faut observer, en effet. que la somme de 185,373 fr. 47 centimes, faisant l'objet de la distribution et versée au cours de l'année 1866 en cinq versements successifs à la Caisse des dépôts, figure au compte des recettes, dont elle forme un des éléments ; d'où la déduction que la créance pour solde de l'Etat eût dû être et eût été majorée d'égale somme si ces 185,373 fr. 47 c. n'eussent été imputés sur les recettes ;

Attendu qu'il est ainsi hors de doute que la commission chargée d'apurer la situation respective de l'Etat et de la Compagnie à la fin de la gestion du séquestre n'a fait ressortir la créance de l'Etat à 358.392 fr. 68 cent. **que précisément parce qu'elle lui attribuait. en les faisant figurer aux recettes, les sommes consignées en 1866 ;**

Attendu que le rapport de cette commission spéciale a été l'objet d'une approbation ministérielle (**décision du 25 juillet 1866**) : que. d'autre part, les syndics de la faillite, représentant tous les créanciers. **par une lettre du 6 octobre 1866**. ont reconnu exacte la créance de l'Etat au chiffre de 358,392 fr. 68 cent., accepté ainsi le travail de la commission et par là consacré l'attribution faite par elle à l'Etat des sommes consignées en 1866 :

Attendu que Fraisse essaie vainement de soutenir que l'état de liquidation est manifestement erroné ; qu'il observe. pour légitimer sa prétention. que les avances faites par l'Etat de 1858 à 1862 ont **été de 839,958 fr. 31 cent.** (excédent à cette époque des dépenses sur les recettes. desquelles il faudrait déduire. pour déterminer. le solde dû à **l'Etat 481,565 fr. 63 cent.** excédent des recettes sur les dépenses afférent à l'ensemble de la période d'administration du séquestre. **1858 à 1866** : que la commission porte en compte un versement fait par le **séquestre à la Caisse des dépôts le 22 novembre 1863**, de 1.508.273 fr. 10 cent., alors que les recettes ne se seraient chiffrées, à cette date, que par 1.408.858 fr. 63 cent., et que, par contre, le séquestre n'aurait effectué, en 1866, qu'un versement de 185.373 fr. 47 cent., alors que les recettes accusées, de 1864 à 1866, avaient été de 309.743 fr. 46 cent. ;

Mais attendu que c'est arbitrairement que Fraisse fixe à 839.958 fr. 31 cent. les avances de l'État lorsqu'on sait, au contraire, que le crédit ouvert par l'État (décret du 15 août 1858) était de 940.000 francs, par où se trouve expliqué que le séquestre ait pu avoir en mains, en novembre 1863, somme suffisante pour opérer le versement par lui effectué ;

Attendu encore que si l'on envisage les opérations de comptabilité sans les fractionner par périodes, mais comme l'a fait la Commission dans leur ensemble et pour tout l'exercice du séquestre, on constate que le prétendu excédent de versement critiqué par Fraisse augmenté d'une somme de 24.955 fr. 52 centimes, indiquée par la Commission comme prélevée sur les recettes, correspond exactement au prétendu déficit de versement signalé par Fraisse en 1866 par où la balance des chiffres se trouve parfaite ; qu'il est donc vrai de dire que les griefs formulés par Fraisse ne sont pas sérieux ; qu'ils proviennent de la confusion par lui faite entre le compte recettes ou dépenses, et le compte caisse, ce dernier pouvant ne point exactement correspondre à la différence des recettes et des dépenses à une époque déterminée ;

Attendu à un autre point de vue, que les critiques de Fraisse, si elles étaient déclarées fondées, auraient pour conséquence directe la revision même du compte apuré, revision qui ne pourrait avoir lieu que dans l'un des cas prévus par l'article 541 dont aucun ne se rencontre en l'espèce ; qu'au surplus, l'action en redressement des comptes fût-elle légitime et dans son cas, se trouverait prescrite par l'effet de l'expiration du laps de temps trentenaire ;

Attendu, la propriété de la somme en distribution ainsi reconnue au Trésor, que les conséquences de cette affirmation s'imposent pour apprécier le mérite des autres moyens qui ont été développés.

Sur l'irrecevabilité de la prétention de l'Etat tirée du moyen de la prescription :

Attendu, si le droit de l'Etat sur la somme en distribution est un droit de propriété, que ce droit ne saurait être éteint par la prescription :

Attendu que Fraisse ne saurait en effet prétendre et n'essaie même pas de soutenir qu'aucun acte de possession revêtant les caractères exigés par la loi en vue d'arriver à la prescription ait été accompli soit par lui, soit par la Compagnie dont il serait l'ayant droit.

Sur le moyen tiré de la forclusion :

Attendu que l'article 660 du Code de procédure civile astreint, à peine de forclusion, les créanciers à produire dans le mois de la sommation leurs titres ès mains du juge avec acte contenant demande en collocation :

Mais attendu qu'il ne peut en l'espèce être valablement argué des dispositions de cet article à l'encontre du Trésor ; qu'en effet, l'Etat, dont la qualité de propriétaire de la somme en distribution vient d'être consacrée, ne saurait se voir opposer à bon droit les dispositions d'un texte qui ne vise que les créanciers négligents et dont la sanction pénale n'a point été promulguée contre ceux qui se prévalent d'un droit de propriété :

Attendu que le Trésor excipe même de la nullité de la procédure et a fait plaider que, dans le cas actuel, Fraisse a mal à propos requis l'ouverture de la distribution ;

Attendu, à ce point de vue, que la critique élevée par le Trésor contre la procédure suivie doit être reconnue juste et fondée : que la somme consignée n'ayant, en effet, été frappée d'opposition que jusqu'à concurrence de 137.000 francs en capital et se trouvant, par suite, bien supérieure au montant de la créance, les dispositions de l'article 656 du Code de procédure civile auraient dû recevoir leur application et mettre obstacle à ce qu'il fût procédé par la voie de la distribution :

Sur la mise en cause du préposé à la Caisse des dépôts et consignations :

Attendu que cette mise en cause ne peut à aucun titre se légitimer : que Fraisse ne justifie pas qu'un préjudice quelconque lui ait été causé par le fait du préposé à ladite Caisse : que ce préposé a rempli toutes les obligations qui lui incombaient en délivrant le certificat prescrit par la loi (article 563 du Code de procédure civile, article 6 du décret du 18 août 1807) et qu'il n'avait point à se préoccuper des difficultés ayant pu surgir entre les intéressés sur la propriété de la somme en distribution.

PAR CES MOTIFS,

Le Tribunal, jugeant publiquement, contradictoirement en matière sommaire et en premier ressort, dit et juge que l'Etat, déclaré attributaire de la somme en litige en 1866, est bien et dûment propriétaire de cette somme; déclare son action recevable, non éteinte par l'effet de la prescription ; déclare aussi cette action non éteinte par la peine de la forclusion édictée par l'article 660 du Code de procédure civile ; dit encore qu'il n'y avait pas lieu, en l'espèce, à distribution par contribution ; quoi faisant, annule les oppositions des 20 mai 1896, 26 juin et 7 septembre 1897 ; annule la procédure suivie ; dit que c'est à tort que le préposé à la Caisse des dépôts et consignations a été mis en cause : déboute, au surplus, Fraisse de toutes ses conclusions ; et, vu l'article 130 du Code de procédure civile, condamne ledit Fraisse en tous les dépens.

Enregistré à Béziers (A. J.), le 19 juillet 1898, folio 52, case 12. Reçu 25 francs, décimes compris. — BELGODÈRE, receveur, *signé*.

Certifié conforme : HERMAN GUIZARD, avoué, *signé*.

Imp. Vve J. DENOLLE, 2 et 4, passage Véro-Dodat.

MINISTÉRE
DES
Travaux Publics

DIRECTION
DES

Chemins de Fer

Division des Travaux Publics

2ᵉ BUREAU

RÉSEAU DU MIDI

**Ligne de Graissessac
à Béziers**

RÉPUBLIQUE FRANÇAISE

Paris, le 17 Juin 1897.

Monsieur le Directeur Général,

Vous avez bien voulu m'informer que votre administration est saisie par M. Fraisse, porteur d'obligations de l'ancienne Compagnie du chemin de fer de Graissesac à Béziers, d'une demande en remboursement d'une somme de 185.373 fr. 47, consignée à Béziers du 7 février au 15 mai 1866.

Cette consignation, dont le montant représente le produit de l'exploitation dudit chemin de fer a été faite en vertu d'une décision de l'un de mes prédécesseurs en date **du 31 janvier 1866, dans l'attente d'une attribution ultérieure à qui de droit.**

Vous me priez avant d'instruire la demande dont il s'agit, de vous faire savoir si, à une date quelconque, cette consignation a fait l'objet d'une attribution et, dans le cas de l'affirmative, de vous indiquer le bénéficiaire.

J'ai l'honneur de vous informer, Monsieur le Directeur Général, que les opérations de la faillite de la Compagnie du chemin de fer de Graissessac à Béziers se sont terminées en 1866, après incorporation de la ligne dans le réseau du Midi.

Cette incorporation a été effectuée en vertu du décret du 23 décembre 1865, moyennant paiement par la Compagnie du Midi au syndic de la faillite, d'une somme de 16 millions sous déduction des déboursés faits par l'État pendant la durée du séquestre.

Les comptes du séquestre ont été apurés par une décision ministérielle **du 25 juillet 1866 dont les dispositions ont été acceptées par le syndic de la faillite.**

La somme de 185.373 fr. 47, consignée à la Recette particulière de Béziers a été attribuée à l'État **en compensation de ses déboursés, et c'est par suite d'une omission qu'elle n'a pas été versée au Trésor.**

Dans cette situation et le syndic de la faillite, agissant dans la plénitude de ses pouvoirs, ayant accepté sans réserve les comptes du séquestre, je considère comme mal fondée la réclamation qui vous a été adressée par M. Fraisse.

Recevez, Monsieur le Directeur Général, l'assurance de ma considération la plus distinguée.

Le Ministre des Travaux publics.

Pour le Ministre et par autorisation,

Le Conseiller d'Etat,

Directeur des chemins de fer.

Signé :

(Illisible.)

Imp. Vve J. DENOLLE, 2 et 4, passage Véro-Dodat.

MINISTÈRE
DES
Travaux Publics

DIRECTION

Chemins de Fer

DIVISION DES TRAVAUX

2ᵉ BUREAU

RÉSEAU DU MIDI

Ligne de Graissessac
à Béziers

RÉPUBLIQUE FRANÇAISE

Paris, le 4 Août 1897.

Monsieur le Préfet,

M. Fraisse, généalogiste à Montpellier, se prétendant créancier de la faillite de l'ancienne Compagnie concessionnaire du chemin de fer de Graissessac à Béziers, m'a adressé une demande à l'effet d'avoir communication d'une décision ministérielle **du 25 juillet 1866,** qui a statué sur les comptes du séquestre de ladite Compagnie.

Je vous prie d'informer M. Fraisse que **la décision dont il s'agit, ayant apuré lesdits comptes et ses dispositions ayant été acceptées sans réserve par le syndic de la faillite, agissant dans la plénitude de ses droits, l'administration est dégagée de toute obligation à l'égard des créanciers de la Compagnie de Graissessac à Béziers.**

La demande de M. Fraisse n'est donc susceptible d'aucune suite.

Recevez, Monsieur le Préfet, l'assurance de ma considération la plus distinguée.

À Monsieur le Préfet de l'Hérault.

UNE

ERREUR JURIDIQUE

FRAISSE contre le TRÉSOR PUBLIC

AFFAIRE GRAISSESSAC-BÉZIERS

NOTE COMPLÉMENTAIRE

Paris, 29 Octobre 1902.

Dans la lettre que Monsieur le Ministre des Travaux publics adressait, le 31 Janvier 1866, au receveur du séquestre à Béziers. il est dit que les sommes versées désormais à la caisse des dépôts et Consignations le seront **à titre de dépôt et pour être attribuées ultérieurement aux ayants droit.**

Par ces termes. la nature de la somme de **185.373** fr. **47**, objet du litige. est nettement fixée : c'est un dépôt qui attend d'être réclamé par ses légitimes possesseurs.

L'État était-il de ceux là ? Non. Et il l'a reconnu formellement, le 30 Octobre 1866, en déclarant par **quittance pour solde** n'avoir plus rien à réclamer.

L'État s'étant avoué désintéressé, qui reste-t-il en fait d'ayants droit ? Les créanciers de la faillite ; et c'est comme tel que s'est présenté M. Fraisse.

Rien de plus clair, de plus lumineux.

Les termes que nous commentons ont été tellement pesés que le séquestre lui-même n'aurait pas eu le pouvoir de porter la main sur ce dépôt. Il n'appartenait plus — il n'appartient encore, car il nous est interdit de le considérer légalement comme inexistant — qu'à ceux qui justifient y avoir droit.

C'est pour cette seule raison qu'il est resté trente ans à la caisse des Dépôts et Consignations, personne autre que les créanciers de la faillite n'étant capable d'établir ce droit, ainsi qu'ils l'ont fait dès qu'ils ont connu l'existence de leur bien, grâce à la loi du 16 avril 1895.

Ce n'est qu'en vertu de cette loi que l'Etat s'est approprié ces 185.373 fr. 47, et ils figurent dans la comptabilité publique avec les autres sommes de même nature tombant sous le coup de la déchéance.

S'ils avaient déjà été attribués à l'Etat en 1866, comme le prétend la copie incriminée de l'Avis de la Commission, ils n'auraient eu nullement à prendre place parmi les sommes frappées de déchéance, puisque en ce cas, c'était à un tout autre titre qu'ils auraient été saisis par le Trésor. L'Etat ne pouvait prendre deux fois la même somme.

Mais à partir du moment où le dépôt avait été effectué à la caisse des Dépôts et Consignations, l'Etat ne pouvait s'en emparer qu'à la suite d'une décision de justice, et passée en force de chose jugée, basée sur un droit régulier qui devait, dans l'espèce, résulter d'un droit de créance : or, ce droit de créance n'exista plus pour l'Etat depuis le 30 Octobre 1866. Il avait été payé.

Les syndics seuls pouvaient retirer cette somme au nom des créanciers et pour la distribuer à ceux-ci. Leurs fonctions ayant pris fin, chacun des créanciers a repris sa liberté individuelle et a qualité pour se présenter comme ayant droit.

C'est pour cela qu'à la date du 25 Janvier 1897, Monsieur le directeur général de la caisse des Dépôts et Consignations écrivait au préposé de Béziers pour l'informer que « les oppositions de Fraisse devront être consi-
« dérées comme une cause interruptive de déchéance pour une période de
« cinq années : passé ce délai, son renouvellement ne pourra plus être admis
« et il y aura lieu de comprendre cette somme dans le bordereau modèle n° 3
« des comptes frappés de déchéance en 1901 ». Eh! bien, de deux choses l'une : ou la somme a véritablement été attribuée à l'Etat et alors les oppositions de Fraisse ne pouvaient anéantir cette attribution faite trente ans aupa-
ravant ; ou bien l'attribution n'a pas eu lieu et dans ce cas l'Etat n'avait pas le droit d'empêcher ces oppositions de produire leur effet légal.

On reprochera peut-être au requérant de se répéter, de présenter à plusieurs reprises sous différentes formes les mêmes conclusions; mais que l'on veuille bien considérer qu'il n'est question dans tout son mémoire que de la matière la plus ardue et la plus délicate, « les chiffres », et qu'il a dû insister sur ses arguments pour être tout à fait assuré d'en bien pénétrer le lecteur. Et grâce à cette insistance, dont il s'excuse, il croit pouvoir affirmer que l'excellence de sa cause sautera aux yeux du plus indifférent, à plus forte raison de qui y cherchera la justice et la vérité. Il pense même que ces diverses manières d'accentuer les mêmes sujets évitera à l'examinateur consciencieux la peine de se reporter plus d'une fois en arrière et lui rendra les faits et les chiffres plus saisissants, absolument comme plusieurs photographies d'une même personne en des poses dissemblables font mieux comprendre son individualité.

Il se peut aussi qu'au cours de ce long mémoire quelques tournures de phrases aient paru nécessaires qui risqueraient de froisser certaines susceptibilités. Il ne faut voir que le souci de parler vite à la pensée et de faire jaillir l'idée sans s'embarrasser des restrictions qui l'affaibliraient. Ainsi, les mots l'État, le Ministère, le Ministre même sont pris comme des entités et non comme la représentation précise de ce qu'ils expriment. La préface, la lettre à Monsieur le Ministre des Finances ont dit tout le respect que professe M. Fraisse pour les institutions nationales et pour les personnages qui les synthétisent. Il tient beaucoup à ce qu'on ne se méprenne pas sur ses sentiments. Pour en donner un aperçu, il suffirait de dire qu'il a fait suspendre la plainte en faux contre inconnu, qu'il avait d'abord déposée entre les mains du Procureur de la République, préférant ne pas attirer l'attention du public sur le fait dont il se plaint, et pour marquer davantage sa confiance dans la décision qu'il attend. Que l'on veuille donc bien se convaincre que l'homme qui demande aujourd'hui justice n'est ni un esprit malveillant ni un censeur maladroit, mais le plus docile, le plus calme et le meilleur des Français.

Imp. Vve J. DENOLLE, 2 et 4, passage Véro-Dodat.

UNE
ERREUR JURIDIQUE

FRAISSE contre le TRÉSOR PUBLIC

AFFAIRE GRAISSESSAC - BÉZIERS

DEUXIÈME
NOTE COMPLÉMENTAIRE

Paris, 30 Novembre 1902.

I. — L'État s'est reconnu remboursé en 1866

Un **mémoire** et une première **Note Complémentaire** ont déjà expliqué comment l'État, créancier de la Compagnie en faillite du Chemin de fer de Graissessac à Béziers pour une somme de 358.392 fr. 68, avait été complétement désintéressé par les Syndics de la faillite au moyen des deniers restant dûs par la Compagnie des Chemins de fer du Midi.

Entre temps, le séquestre s'était vu autorisé par le Ministre des Travaux publics à verser à la caisse des Dépôts et Consignations, à titre de dépôt et **pour être attribuées ultérieurement aux ayants droit**, des sommes restant acquises à la faillite de la Compagnie Graissessac-Béziers et qui s'élévèrent à

185.373 fr. 47. Remarquons d'abord ici que. si le Ministre avait cru pouvoir émettre quelque prétention sur ces fonds. il les aurait purement et simplement requis comme son bien propre, au lieu d'en permettre le dépôt, surtout dans les termes précités. Il lui était même encore plus facile d'ordonner que les versements continuassent à être effectués dans la Caisse de l'État, comme par le passé. Il n'a rien fait de cela. **Donc il était convaincu, à cette date du 31 Janvier 1866. que les dits fonds restaient en dehors de la Créance de l'État.**

Mais, trente ans après. l'État a mis indûment la main sur ces 185.373 fr. 47, inconnus jusqu'alors et de lui et des légitimes propriétaires. et les a aussitôt employés, sans attendre le délai légal permettant aux réclamations possibles de se produire. Il s'est donc vu, dès 1897, à la suite de la première opposition de Fraisse, acculé à la nécessité de restituer une somme qu'il ne possédait plus. C'est alors seulement qu'il imagina que la somme en litige faisait partie de sa créance passée, ce qui est contredit par les expressions même de la dépêche du ministre des Travaux publics. C'est alors aussi qu'il fit figurer ces 185.373 fr. 47 dans le total de 1.693.646 fr. 57. lequel total représente au contraire exactement les sommes versées **antérieurement** dans la caisse de l'État. tandis que celle de 185.373 fr. 47 a été versée **postérieurement** dans une toute autre caisse. en cinq fois. du 7 février au 15 mai 1866.

M. A. Flory, l'éminent expert-comptable près la Cour d'appel, prié de donner son avis sur la présente question, a déclaré que jamais la somme de 185.373 fr. 47 n'a pu être comprise dans celle de 1.693.646 fr. 57.

Ces 185.373 fr. 47 sont apparus postérieurement à l'établissement du compte de la créance de l'État. arrêté au 31 janvier 1866 à la somme définitive de 358.392 fr. 68. qui fut versée dans la caisse du Trésor public le 30 octobre 1866.

Ainsi un compte arrêté en janvier 1866 a été réglé en octobre de la même année. Les 185.373 fr. 47 survenus dans cet intervalle et déposés dans une caisse à côté n'ont rien à y faire.

L'État, d'ailleurs. s'estima satisfait en recevant les 358.392 fr. 68. Il en donna quittance pour solde le 30 octobre 1866. **Il a reconnu ce jour là qu'il n'avait droit qu'à la somme qu'il recevait et qu'il n'avait plus rien à réclamer.**

II. — La Caisse des Dépôts et Consignations n'est pas la Caisse de l'État

La pièce falsifiée fait à dessein confusion entre la Caisse de l'État et la Caisse des Dépôts et Consignations. Deux sommes absolument distinctes ayant été versées dans l'une et dans l'autre de ces Caisses, elle dit qu'elles ont été versées **dans les Caisses de l'État.** Ce qui l'aide en cette confusion, c'est qu'à Béziers, où les deux sommes différentes ont été versées, le Receveur des finances, Caissier de l'État, était en même temps préposé à la Caisse des Dépôts et Consignations. **Si les faits s'étaient passés à Paris, l'une des sommes aurait été versée au Louvre, l'autre au quai d'Orsay.** Le fonctionnaire de Béziers connaissait d'ailleurs son double devoir et a su remettre à chacune des deux Caisses ce qui lui revenait : l'argent payé à l'État est entré dans le Trésor public; l'argent confié en dépôt est resté en lieu sûr, **du moins pendant trente ans.**

Les conditions dans lesquelles ce dépôt avait été placé à la Caisse des Dépôts et Consignations interdisaient à l'État de s'en emparer. Dès le premier versement et à mesure que les suivants s'échelonnaient, un contrat intervenait entre le séquestre, qui consignait pour se libérer, et les ayants droit éventuels au nom de qui ce dépôt venait d'être fait. L'État n'était que le **garant** de ce contrat, **le gardien du gage.** Le rôle de la caisse des Dépôts et Consignations est de conserver les droits des intéressés au dépôt qu'elle a reçu et elle a l'obligation d'en rendre compte à qui il appartient. Celui dont il s'agit devait s'y trouver infiniment plus en sûreté que dans une maison de banque quelconque; et c'est justement parce qu'il était là, sous la garde de l'État, que l'État l'a saisi ! Il a spolié ceux qui s'étaient adressés à lui ! Va-t-il mettre la main sur les valeurs dormant depuis plus de 30 ans dans une caisse privée ? Non. Si la somme réclamée avait été confiée à l'honneur de la maison Rothschild ou de toute autre, elle serait restituée à la première demande. Mais le dépositaire était l'État ! Il l'a prise !

Voici donc une opinion qui va prendre corps : on peut confier sa fortune à un établissement financier privé, il ne lui sera fait aucun tort : — mais gardez-vous de la confier à la France, vous ne la reverriez plus !

Eh ! bien, il ne faut pas que ce raisonnement s'accrédite ; il ne faut pas que personne puisse jeter à notre pays cette insulte qu'il a été un dépositaire infidèle. Il a pu se tromper, agir trop précipitamment, dépenser trop tôt la somme qu'il croyait désormais sans possesseur. Mais la France est honnête, elle tient à son auréole de loyauté : elle ne voudra pas se montrer au-dessous d'une maison de banque, et, puisque le propriétaire se présente et revendique son bien, elle le rendra.

L'Etat a sa caisse à lui, qui est le Trésor public ; il a, à côté, un coffre-fort où il promet de conserver précieusement les valeurs que mettent sous sa protection les français, c'est la caisse de Dépôts et Consignations. **Aucune confusion n'est possible.**

III. — Contre-preuves que devrait pouvoir fournir l'Etat.

Pour que l'Etat puisse soutenir qu'il n'existe aucune pièce fausse ou dénaturée, il doit être à même de nous opposer :

1° La preuve que sa créance s'élevait au mois de janvier 1866 à la somme de 543.766 fr. 15 (soit 358,392 fr. 68 plus 185.373 fr. 47) au lieu de 358.392 fr. 68 ;

2° La preuve que ce chiffre de 543.766 fr. 15 est bien celui qui a été notifié au ministre des Finances, en exécution de l'article 13 de la loi du 29 juin 1852, comme représentant le montant du débet de la Compagnie du chemin de fer de Grais-sessac à Béziers ;

3° La preuve que, par suite de l'oubli de la somme en litige, pendant trente ans, à la caisse des Dépôts et Consigna-

tions, la caisse du Trésor a eu pendant ce même laps de temps un déficit de 185.373 fr. 47 ;

*4°. La justification des 91 récépissés qui ont figuré dans un état dressé par **M.** l'ingénieur Moffre, en date du 22 novembre 1863, joints à cet état et s'élevant ensemble à 1 508.273 fr. 10.*

5°. La preuve que l'Etat n'a pas pris les 185.373 fr. 47 en vertu de la loi de finances du 16 avril 1895 et qu'ils n'ont pas figuré dans la comptabilité publique parmi les sommes atteintes par la déchéance prévue par la même loi.

Ce sont ces contre preuves seules qui pourraient venir réfuter les preuves que nous exposons au grand jour.

IV. — Aveu du faux

Mais l'État ne peut apporter ces preuves ; il ne les a pas, ou, s'il les a, elles sont dans un état de falsification si visible qu'il n'ose pas les produire. **Poussé** dans ses derniers retranchements il ne sait plus comment répondre aux questions catégoriques qui lui sont posées, il se trouble, et, dans cette extrémité, il se laisse aller à d'étonnantes maladresses qui sont de véritables aveux.

Le 6 Novembre 1902, M. Fraisse avait demandé à M. le Ministre des Travaux publics de vouloir bien lui permettre de consulter sur place quelques pièces se rapportant à l'affaire Graissessac-Béziers, et d'où devait jaillir la vérité. A la signature était jointe l'adresse de M. Fraisse.

La réponse de M. le Ministre fut négative, naturellement ! Mais au lieu de l'adresser directement à son correspondant, le Ministre la lui fit connaitre par l'intermédiaire de la Préfecture de Police et celui qu'elle intéressait ne fut pas autorisé à en conserver l'original par devers lui.

Pour que le Ministre, en se servant d'un intermédiaire, ait commis une si absolue infraction aux lois de la plus élémentaire politesse, il a fallu un bien puissant motif. Il nous est impossible d'en imaginer un autre que le suivant :

S'étant fait présenter les pièces demandées en consultation, le Ministre en a aussitôt reconnu le mauvais aloi. D'où le refus énoncé dans sa réponse. Mais il devenait nécessaire que cette réponse négative, manifestement accusatrice **(car si les pièces étaient sincères, on les ferait voir !)** ne demeurât pas entre les mains de la victime. C'est pourquoi on lui a fait seulement **montrer** le refus compromettant par un tiers.

Comment expliquer autrement l'incorrection commise ?

En regard de si pénibles agissements, nous voyons M. Fraisse se conduire avec une complète franchise, avec une indéniable loyauté. Excellent français, il voudrait éviter un scandale à la dignité de sa patrie ; il soumet ses arguments, les étale en pleine lumière avec une scrupuleuse bonne foi, les fait imprimer à de nombreux exemplaires et les dépose entre les mains de ses adversaires. Quelle comparaison entre l'accusation qui veut toute la clarté et la défense qui cherche l'ombre ! Pour plus de sûreté, M. Fraisse a sollicité l'avis de l'expert-comptable le plus qualifié. Si l'on a des preuves à lui opposer, il supplie qu'on les lui montre ; mais qu'on ne se renferme pas dans un silence pour le moins incompréhensible et à tous points de vue dangereux.

Admettons, en effet, pour l'instant, que M. Fraisse, dans son raisonnement pourtant si limpide, se soit trompé ; que M. A. Flory, malgré son autorité sans égale, ait fait erreur ; supposons cette chose inadmissible qu'il n'y ait pas de pièce falsifiée et que l'État ait en raison de le prétendre : quelle lourde responsabilité auraient encourue, en ce cas, ceux de ses représentants qui, depuis cinq ans, ayant la vérité en main, l'ont opiniâtrement cachée ! Comment ! dirions-nous alors, vous aviez devant vous un homme à qui votre terreur simulée donnait d'autant plus confiance en son droit ; vous saviez que, convaincu de la fausseté d'un document par votre obstination même à le lui celer, il perdait son temps, son argent, sa peine à poursuivre la restitution de ce qu'il croyait son dû ; vous n'aviez, pour le détromper, pour l'empêcher de se ruiner à courir après un mirage, qu'à ouvrir un tiroir et à en sortir une feuille de papier pour la lui placer sous les yeux, entourée de toutes les précautions dont il vous aurait plu de la hérisser ; — et vous ne l'avez pas fait !

Quelle réparation ne devez-vous pas à cet homme abusé par vous, quand il vous suffisait d'un geste pour lui laisser son repos et sa fortune !

Avant de faire le pays juge de la question, avant de porter l'affaire devant les chambres, il ne sera pas dit que nous n'aurons pas fait une dernière tentative. Que l'Etat donne communication des pièces demandées soit à M. Fraisse, soit à son avoué, soit à son avocat, avec toutes les garanties et toute la surveillance qu'il jugera nécessaires, ou qu'il apporte les preuves réclamées dans dans le paragraphe précédent.

Mais qu'il renonce, dans l'intérêt de sa cause, à des procédés qui attestent le désarroi et la peur, toujours mauvais conseillers. Les documents que l'on n'a pas voulu laisser voir sont disqualifiés tant par le refus de les présenter à l'intéressé que par les précautions même prises pour effacer toute trace de ce refus. Fâcheux résultat, en vérité ! Mais *Quos vult perdere Jupiter dementat.* L'aveu du faux échappe à ceux que sa vue affole.

Imp. Vve J. DENOLLE 2 et 4, passage Véro-Dodat

F. J. FRAISSE

Généalogiste

2, Place du Théâtre-Français

Paris, le 4 Novembre 1902.

à Monsieur le Ministre des Finances

MONSIEUR LE MINISTRE,

J'ai eu l'honneur, par une lettre du 15 octobre 1902, de vous instruire d'un fait extrêmement grave qui s'est passé vers le mois de Janvier 1898 dans les bureaux du Ministère des Finances, ou du Ministère des Travaux publics, et dont j'ai été la victime.

Un mémoire joint à cette lettre, convainquait de faux une pièce sur laquelle l'Etat avait cru pouvoir s'appuyer pour empêcher d'aboutir ma réclamation d'une somme qui, cette pièce mise hors de cause, ne m'était pas contestable.

A la date du 29 Octobre, une note complémentaire, tout en indiquant un nouvel argument en ma faveur, attirait encore votre attention sur l'affaire dont il s'agit.

Malgré ces appels à votre haute autorité, les jours se sont passés sans que j'aie reçu aucune réponse, et j'en suis profondément affligé.

J'avais eu le soin, en effet, d'insister tout d'abord et très respectueusement auprès de vous sur la nécessité absolue où je me trouvais de solliciter une solution **avant le 6 Novembre**, sous peine de me voir déchu de mon droit.

Aujourd'hui, acculé à cette date extrême, je suis réduit à l'attristante obligation d'engager contre l'Etat, l'action juridique que j'aurais tant voulu éviter!

Rien ne me coûte plus, Monsieur le Ministre, que de prendre cette cruelle détermination, mais vous voudrez bien reconnaître que j'ai tout fait pour ne pas y être amené. J'ai soumis ma cause à votre équité; j'ai mis sous vos yeux, en les appuyant des documents les plus probants, des conclusions sans

réplique possible, et je vous ai instamment prié de vous constituer vous-même
juge entre l'administration que vous représentez et moi.

Je vous ai aussi laissé entendre combien serait dommageable pour l'État,
la révélation d'un fait d'autant plus terrible pour lui qu'il est couvert de
l'anonymat. Je ne voulais pas que, par la voie de la justice, le public apprît
quel acte criminel a été commis : car je tremble que, exploité par des esprits
mal intentionnés, il ne devienne un instrument de combat, dont chaque coup
me frapperait au cœur, contre des institutions que j'estime louables. Mais
ai-je le droit d'abandonner les miens, d'abandonner la cause sacrée de la
Justice que je représente en cette occasion, pour laisser triompher la honteuse
manœuvre d'un inconnu ? Non, certainement : et votre silence même me prouve
que vous ne songez pas à me le conseiller.

Vous reconnaîtrez donc, Monsieur le Ministre, que j'ai employé tous les
moyens pour éviter la dure extrémité à laquelle je suis aujourd'hui contraint,
quand il était beaucoup plus simple pour moi d'user de ceux que la loi met à
ma disposition. Mais j'ai refusé aussi longtemps que je l'ai pu, de laisser entre-
voir aux malveillants la culpabilité d'un agent de l'État, et c'est seulement
après avoir attendu jusqu'à la dernière heure que je cède à la nécessité et
m'adresse à la Justice. C'est pour moi une véritable douleur, mais je suis sans
reproche.

Pour que nul doute ne pût exister sur la valeur de ma réclamation, j'avais
fait demander par l'intermédiaire de mon avoué, à M. Flory, l'expert comptable dont la compétence est si hautement reconnue, son avis sur l'affaire en
question. Sa réponse vient de m'être transmise. Permettez-moi, Monsieur le
Ministre, de la joindre à cette lettre. Vous y verrez quelle éclatante approbation donne à ma cause cette incontestable autorité.

« En effet, dit M. Flory (pages 9 et 10), l'on a pu voir que, pour que la
« créance de l'État fut fixée à la somme de 358.382 fr. 68 restant due sur les
« avances faites pendant l'administration du séquestre, il a été tenu compte à
« ce dernier, en plus des 2.820.904 fr. 88 de dépenses payées directement par
« lui sur ces recettes pendant la deuxième période de sa gestion, des sommes
« qu'il avait versées dans la caisse de l'État, et qui provenaient, soit de ses
« recettes de la première période, soit de ses excédents de recettes de la
« deuxième : **le tout formant jusqu'au 31 Janvier 1866, la somme de**
« 1.023.646 fr 57.

« Or, postérieurement à cette date, qui est celle où les comptes de sé-

« questre ont été arrêtés (le décret d'incorporation de la ligne au réseau du
« Midi étant du 23 Décembre 1865), **il n'a plus rien été versé dans la caisse
de l'Etat.** »

Et M. Flory conclut ainsi (pages 11 et 12) :

« La somme de 185.373 fr. 17, déposée dans les conditions et aux dates
« ci-dessus indiquées, **et qui ne pouvait d'ailleurs être employée ou retirée
« qu'après les formalités prescrites par les lois et règlements, n'a donc pu
« être comprise dans celle de 1.693.646 fr. 57** antérieurement versée par le
« séquestre dans la caisse du Trésor public et dont l'application au compte du
« dit séquestre, arrêté au 31 Janvier 1866, a fait ressortir définitivement la
« créance privilégiée de l'Etat contre la faillite de la Compagnie du chemin de
« fer de Graissessac à Béziers, au chiffre de 358.302 fr. 68. »

Un tel témoignage, Monsieur le Ministre, ne m'est pas seulement précieux
parce qu'il prouve le bien fondé de ma revendication, mais aussi parce qu'il
met d'autant plus en valeur la déférence que je vous ai manifestée en vous la
soumettant, sûr comme je l'étais de l'issue d'une nouvelle instance. J'espère
que vous aurez la bonté de prendre acte de cette déférence ainsi que de la
loyauté et de la prudence avec lesquelles je me suis efforcé de détourner tout
désagrément, tant du département que vous dirigez que de celui des travaux
publics, et que vous ne verrez en moi que le plus respectueux de vos serviteurs.

Veuillez agréer, Monsieur le Ministre, l'assurance de ma haute considération.

FRAISSE.

Imp. Vve J. DENOLLE, 2 et 4, passage Véro-Dodat.

F. J. FRAISSE

Généalogiste

2, Place du Théâtre-Français, 2

P A R I S

Paris, 13 Novembre 1902.

A Monsieur le Ministre des Travaux Publics

Monsieur le Ministre,

J'ai eu l'honneur, par lettre du 6 Novembre 1902, de solliciter de votre haute bienveillance, la communication sur place de cinq documents relatifs au chemin de fer de Graissessac à Béziers, des années 1863 à 1866.

Vous savez déjà l'intérêt que j'attache à la consultation de ces pièces ; elles doivent justifier la réclamation que j'adresse à l'État, d'une somme qu'il prétend avoir encaissée à bon droit.

Monsieur le ministre des Finances dont j'avais tout d'abord attiré l'attention sur **l'avis de la Commission nommée le 4 juin 1866, à l'effet de vérifier le compte des recettes et des dépenses effectuées pendant la durée du séquestre** de la ligne Graissessac-Béziers, m'a fait savoir que le document en question se trouve entre vos mains.

« Je vous ferai remarquer, m'écrivait-il, à la date du 5 novembre 1902, « que cette pièce n'a pas été établie par le Ministère des Finances, mais bien « par le Ministère des Travaux publics, qui l'avait transmise à mon adminis- « tration pour lui permettre de se défendre à l'instance que vous dirigiez « contre elle. »

Monsieur le ministre des Finances continuait ainsi :

« Or, mon collègue des Travaux publics, à qui la dite pièce vient d'être « soumise, en vue d'un nouvel examen, me donne l'assurance la plus formelle « qu'elle est entièrement conforme à l'original conservé dans ses bureaux. »

Une telle affirmation me donne le plus vif désir de voir cet original. Si, en effet, j'arguais de faux sa copie, c'est que je la supposais inexacte. Mais du moment où elle est véridique, la seule conclusion que je puisse en tirer, c'est que le document lui-même, que d'ailleurs je n'ai jamais pu me faire présenter même en Justice, a été falsifié.

Pour vous en convaincre, Monsieur le Ministre, je prends la liberté de vous soumettre le **Mémoire** prouvant l'existence de ce faux, **la note complémentaire** qui lui fait suite, et en même temps la **note** rédigée pour M. Arthur Cazals, mon avoué, par M. A. Flory.

Vous verrez que cet expert comptable, dont la haute compétence est universellement connue, arrive exactement aux conclusions que j'ai déduites dans mon **Mémoire**, et le rapprochement de son opinion et de mon travail ne manquera pas, j'en suis convaincu, de faire pénétrer en votre esprit la certitude de la justesse de mon raisonnement.

C'est d'ailleurs avec une loyauté absolue que j'expose au grand jour mes arguments, énonçant même ce qui pourrait au premier abord sembler contraire à ma thèse. Si l'État se croit capable d'y répondre, je suis tout prêt, sans nulle inquiétude à discuter sa réplique. Mais je ne saurai admettre que l'on m'oppose une fin de non recevoir, sous la raison spécieuse que la copie de l'**Avis de la Commission** est réellement conforme à l'original. Il s'agit de savoir si, oui ou non, la somme de 185.373 fr. 47, doit et peut être comprise dans celle de 1.643.646 fr. 57 qui a fait ressortir la créance de l'Etat à 358.392 fr. 68 au mois de janvier 1866, ou si, par une coïncidence invraisemblable, il y a eu deux sommes de 185.373 fr. 47, représentées chacune par cinq récépissés, dont l'une aurait été versée dans la caisse du Trésor public, et l'autre à la caisse des Dépôts et Consignations (où, d'ailleurs, elle devait rester aussi sacrée que si elle avait été déposée dans une banque quelconque). C'est pourquoi je demande aussi communication des quatre autre pièces mentionnées dans ma lettre du 6 novembre, assuré de faire jaillir la vérité de leur examen et de leur confrontation. L'ensemble des autres pièces du litige, contredit, en effet, tout document où figurerait la somme de 185.373 fr. 47, comme ayant été attribuée à l'Etat en 1866, et si un tel document existe, vous serez le premier à reconnaître que je dois m'inscrire en faux contre lui, ayant pu apprécier combien sont concluants les termes en lesquels se résume M. Flory.

« **La somme de 185.373 fr. 47 déposée à la caisse de Dépôts et Consi-**
« **gnations,** dans les conditions et aux dates ci-dessus désignées, **et qui ne**

« pouvait d'ailleurs être employée ou retirée qu'après les formalités pres-
« crites par les lois et règlements, n'a donc pu être comprise dans celle
« de 1.693.646 fr. 57, antérieurement versée par le séquestre dans la caisse
« du Trésor public et dont l'application au compte du dit séquestre, arrêté au
« 31 janvier 1866, a fait ressortir définitivement la créance privilégiée de l'État
« contre la faillite de la Compagnie du Chemin de fer de Graissessac à Béziers,
« au chiffre de 358.392 fr. 68. »

Ce témoignage d'une autorité aussi incontestée vous engagera, Monsieur
le Ministre, à vous éclairer par vous-même sur le fond de cette affaire, dont
l'étude vous convaincra vite du bien fondé de mon dire. Il me reste à vous
signaler le très puissant intérêt qu'il y a, non seulement pour moi, mais pour
l'État, à mettre fin, le plus tôt possible, à un trop long malentendu. Je m'em-
presserai de vous soumettre les réflexions que m'aura inspiré la consultation
des pièces dont je demande communication ; et je ne doute pas que de cet entretien, que je solliciterai alors de vous, ne sortent des résolutions devant
modifier ou plus vraisemblablement terminer l'action judiciaire engagée en ce
moment.

C'est donc dans un délai très rapproché que j'ose espérer votre réponse
favorable, et avec la plus grande confiance que je l'attends.

Veuillez agréer. Monsieur le Ministre. l'assurance de ma haute considération.

FRAISSE.

Imp. Vve J. DENOËLE, 2 et 4, passage Véro-Dodat.

UNE
ERREUR JURIDIQUE

FRAISSE contre le TRÉSOR PUBLIC

AFFAIRE GRAISSESSAC-BÉZIERS

LE FAUX

Les chiffres relatés dans les tableaux ci-annexés sont extraits des pièces n° 1 (Pièce fausse), et n° 4 (Pièce officielle).

Le séquestre ne pouvait avoir versé le 22 Novembre 1863 une somme de **1.508.273 fr. 10** *puisque le montant des recettes s'élevait seulement, au 31 Décembre 1863,* **deux mois plus tard,** *à la somme de 1.383.903 fr. 11. Il aurait, en ce cas, versé 124.369 fr. 99 de plus qu'il n'avait encaissé à cette date.*

Où les aurait-il pris ? Car il est invraisemblable qu'il les ait déboursés de sa poche !

Au contraire il est péremptoirement prouvé qu'il avait versé, au 31 Décembre 1863, 1.383.903 fr. 11, et non pas **1.508.273 fr. 10.** **CHIFFRE MENSONGER,** *inventé par le faussaire pour arriver, en y ajoutant les 185.373 fr. 47 en litige, à parfaire la somme de 1.693.646 fr. 57, montant incontesté des versements faits au Trésor par le séquestre.*

Le montant des recettes versées au Trésor s'est élevé pendant la première période du sequestre, de 1858 au 31 Décembre 1861, ~~soit à~~ 1.237.036 fr. 46. — 24.955 fr. 52, prélevés sur les recettes (pièce n° 1, page 3, 4 et 6 et pièce n° 4, page 3) = .   1.212.080 94

Le montant des recettes versées au Trésor pendant la 2° période du sequestre du 1° Janvier 1862 au 15 Février 1866 (pièce n° 4, page 3) s'est élevé à 481.565 63

Total 1.693.646 57

Total des sommes versées au Trésor par le Séquestre.			1.693.646	57
A déduire pour les années postérieures au 31 Décembre 1863	1864 . .	24.370 »	309.743	46
	1865 . .	214.095 69		
	1866 . .	71.277 77		
Total des sommes versées au Trésor au 31 Décembre 1863			1.383.903	11
Au lieu de			1.508.273	10
Soit **1.508.273 10** — 1.383.903 11 = . .			124.369	99

Que le Séquestre aurait versé en plus qu'il n'avait lui-même encaissé à cette date du **22 Novembre 1863**.

Que l'État montre les 91 récépissés indiqués à la page 7 de la pièce n° 1, le mensonge *de cette prétendue somme de* **1.508.273 fr. 10** *apparaîtra lumineusement.*

La somme de 309.743 fr. 46 a été versée du 31 Décembre 1863 au 31 Janvier 1866, c'est-à-dire à mesure que le séquestre encaissait les sommes dont il se servait pour amortir la dette de la Compagnie.

La pièce fausse soutient, au contraire, que son dernier versement dans la Caisse de l'État était opéré au 22 Novembre 1863.

Nous précisons le faux : c'est le nombre **1.508.273 fr. 10** (pièce n° 1, page 7) mis au lieu de **1.383.903 fr. 11.**

Sommes versées au Trésor au 31 Décembre 1863

Montant des sommes versées au Trésor par le Séquestre jusqu'au 31 décembre 1861 (pièce n° 4, page 6, et pièce n° 4, page 3)	1.237.036	46		
A déduire les sommes payées directement sur les recettes (pièce n° 4, page 3 et 4)	24.955	52	1.212.080	94
Excédents des recettes versées au Trésor pour les années (pièce n° 4, page 3) 1862	163.940	95		
1863	7.884	22	171.822	17
Total des sommes versées au Trésor au 31 décembre 1863			1.383.903	11
Au lieu de			1.508.273	10
Soit **1.508.273 10** — 1.383.903 11 =			124.369	99

Que le Séquestre aurait versé en plus qu'il n'avait lui-même encaissé à cette date du 22 Novembre 1863.

Tableau de comparaison extrait des pièces n°ˢ 1 et 4

Recettes de la 1ʳᵉ période (1858-1861) (pièce n° 4 page 3)			1.237.036	46
Dépenses de la 1ʳᵉ période (1858-1861) (pièce n° 4 page 3)			839.958	31
Total des dépenses, égal à la pièce n° 1 page 4			2.076.944	77
Dépenses de la 2ᵐᵉ période (1862-1866) (pièce n° 1 page 4)			2.829.994	88
Excédent des recettes de la 3ᵐᵉ période (1862-1866) (pièce n° 4 page 3)			481.565	63
Total des recettes, égal à la pièce n° 4 page 3			3.311.560	51
Montant des dépenses de la 1ʳᵉ période	2.076.994	77	4.906.989	65
— — 2ᵐᵉ —	2.829.994	88		
Montant des recettes la 1ʳᵉ période	1.237.036	46	4.548.596	97
— — 2ᵐᵉ —	3.311.560	51		
Solde de la créance de l'État au 15 février 1866			358.392	68

Imp. Vve J. DENOLLE, 2 et 4, passage Véro-Dodat.

A. FLORY
Expert - Comptable
Près la Cour d'Appel
1, Rue de Lille, 1

NOTE

pour M. Arthur CAZALS

Avoué près le Tribunal Civil de Ire Instance de Béziers

En réponse à deux questions posées

Relativement à la contestation existant entre

M. FRAISSE et le TRÉSOR PUBLIC

La contestation portant sur l'attribution d'une somme de **185.373 fr. 47** déposée à la Caisse des dépôts et Consignations, du mois de **Février au mois de Mai 1866,** par le séquestre du chemin de fer de Graissessac à Béziers.

Il s'agissait de savoir :

1° A quel chiffre s'élevaient réellement les sommes versées par le dit séquestre dans les **Caisses de l'Etat** depuis son entrée en fonctions, **le 12 Mai 1858,** jusqu'à la fin de sa gestion, **le 14 Février 1866** ;

2° Si la somme de **185.373 fr. 47** versée par ce même séquestre à la **Caisse des Dépôts et Consignations** après la cessation de ses fonctions, se trouvait comprise dans les versements dont il avait été tenu compte pour la fixation de la créance de l'Etat contre la faillite de la Compagnie du chemin de fer de Graissessac à Béziers.

Pour me permettre d'examiner les faits et de répondre à ces deux questions, vous avez bien voulu me communiquer, en dehors du mémoire explicatif rédigé par M. Fraisse, les copies de pièces auxquelles ce mémoire se réfère, et qui en forment les annexes du numéro 1 à 15. Ces copies seraient celles des documents ci-après :

N° 1. — Avis de la Commission nommée par la dépêche ministérielle du 4 Juin 1866 ;

N° 2. — Rapport à Monsieur le Ministre des Travaux Publics ;

N° 3. — Lettre des Syndics de la faillite au ministre des Travaux publics, datée du 6 octobre 1866 ;

N° 4. — Reddition de compte des Syndics ;

N° 5. — Certificat de dépôts par le receveur du Séquestre, en 5 versements, de la somme de 185.373 fr. 47 ;

N° 6. — Certificat de dépôt et d'opposition ;

N° 7. — Sommation à l'avoué du Trésor de communiquer les pièces suivantes :

1°. Liquidation des dépenses et recettes du séquestre ;

2°. Décision ministérielle du 25 Juillet 1866.

3°. Lettre des Syndics au Ministre, du 6 Octobre 1866 ;

4°. Originaux ou talons de récépissés.

N° 8. — Réponse de M° Gely avoué du Trésor ;

N° 9. — Lettre du percepteur de Bédarieux au receveur des Finances ;

N° 10. — Arrêt de la Cour d'Appel de Montpellier, du 17 Juillet 1899 ;

N° 11. — Lettre de Monsieur le Ministre des Travaux publics à M. Martin, séquestre ;

N° 12. — Arrêt de la Cour de Cassation ;

N° 13. — Jugement du Tribunal civil de première instance de Béziers ;

N° 14. — Lettre de Monsieur le Ministre des Travaux publics au directeur général de la Caisse des Dépôts et Consignations ;

N° 15. — Lettre du ministre au préfet de l'Hérault.

C'est d'après ces copies, dont il ne m'était pas donné les moyens d'établir le contrôle, que j'ai pu résoudre comme suit les questions qui m'étaient posées :

SUR LA PREMIÈRE QUESTION :

Le compte du séquestre, qui se trouve dépouillé et résumé dans deux des documents produits : Avis de la Commission nommée par décision ministérielle du 4 Juin 1866 (pièce n° 1) et Reddition de comptes des Syndics (pièce n° 4, page 3), se diviserait en deux périodes :

1º. Celle d'achèvement de la ligne du chemin de fer, pendant laquelle, pour parer à l'insuffisance des recettes, il a été opéré des prélèvements sur le crédit de 940.000 francs ouvert à cet effet par l'Etat.

Cette période s'est étendue du 1er **Mai 1858 au 31 Décembre 1861.**

2º La période pendant laquelle les dépenses ont été soldées sur le montant des recettes dont les excédents ont servi à atténuer les avances faites par l'Etat.

C'est le solde de ces avances qui a formé la créance de l'Etat dont le chiffre s'est trouvé fixé, dans l'un et l'autre des deux documents visés plus haut, de la **double manière suivante :**

1º. Par le rapprochement des recettes et des dépenses, qui se sont élevées pendant toute la durée du séquestre aux chiffres totaux ci-après :

Dépenses	4.906.989 65
Recettes.	4.518.596 97
Excédent des dépenses avancé par l'Etat	358.392 68

2º. Par le rapprochement des deux périodes de la gestion du séquestre, qui présentaient les résultats suivants :

Excédent des dépenses pendant la première période, du 12 Mai 1858 au 31 Décembre 1861	839.938 51
Excédent des recettes pendant la deuxième période, du 1er Janvier 1862 au 14 Février 1866.	481.565 53
Différence égale en faveur de l'Etat	358.392 68

La créance privilégiée de l'Etat ainsi fixée a été reconnue et admise par les Syndics de la faillite (pièce nº 3). Elle a été remboursée sur le prix de cession de la ligne de Graissesac à Béziers à la Compagnie des chemins de fer du Midi.

Il convient de voir maintenant comment se décomposent les chiffres qui ont servi à établir cette situation.

Les **dépenses**, qui constituent le débit du compte de la Compagnie et qui n'ont fait l'objet d'aucune observation particulière, se sont élevées à. 4.906.989 65

Quant aux **recettes**, c'est-à-dire le crédit de la Compagnie, elles ont été arrêtées au chiffre total de. . . .   4.548.596 97.

Or cette dernière somme comprend :

D'abord les recettes effectuées pendant la première période du séquestre, du 12 mai 1858 au 31 décembre 1861, pendant laquelle il a été de règle, selon qu'il est dit dans l'avis de la Commission (pièce 1, page 3), « de payer toutes les dépenses « au moyen des crédits ouverts par l'Etat »; de sorte que l'intégralité des dites recettes, sous déduction de certaines dépenses que le séquestre a été autorisé à payer sur les fonds reçus par lui, et qui se sont élevés à la somme de **24.955 52** (pièce 1, pages 2 et 3), ont été versées par le dit séquestre à la Caisse de Monsieur le Receveur des Finances de Béziers, ainsi que cela ressort du rapport adressé le 25 juillet 1866 par la Direction générale des Chemins de fer à Monsieur le Ministre des Travaux publics (pièce 2, page 2), en même temps que l'état analytique des opérations du séquestre (pièce 4, page 3).

Ces sommes se sont élevées à :

1.237.036 46 — 24.955 52 =   1.212.080 94

A partir du premier janvier 1862 jusqu'à la fin du séquestre, il s'est produit des excédents de recettes, comme il est déclaré dans la pièce nº 1; excédents qui ont été également versés dans la Caisse de l'Etat. Ces excédents, conformément à l'état analytique des recettes et dépenses du séquestre (pièce 4, page 3), se sont élevées à :

3.311.560 51 — 2.829.994 88 =   481.565 63

A reporter 1.693.646 57   4.906.989 65

Report. 1.693.646 57   4.906.989 65

Les versements faits au Trésor public par le séquestre, pendant la durée de sa gestion, ont donc formé un chiffre total de 1.693.646 57

Si l'on ajoute à ces versements le montant des dépenses que le séquestre a soldées directement pendant la deuxième période de son exercice, sur le produit de l'exploitation, et qui, d'après les documents produits (pièces 1, 2, 4), se sont élevés à 2.829.904 88

On retrouve le chiffre total des recettes qui ont formé le crédit du compte de la Compagnie pendant la durée du séquestre, soit. 4.518.596 97   4.518.596 97

Et c'est ainsi que la créance privilégiée de l'Etat a été fixée, d'accord avec les Syndics de la faillite de la Compagnie, à la somme de 358.392 68

SUR LA DEUXIÈME QUESTION :

Pour résoudre cette question, qui tendait à savoir si dans la somme de 1.693.646 fr. 57 versée dans les caisses de l'Etat par le séquestre, jusqu'à la cession de la ligne du chemin de fer à la Compagnie du Midi, se trouve celle de 185.373 17 versée à la **Caisse des Dépôts et Consignations du 7 Février au 15 Mai 1866,** il suffit de se reporter : d'une part, au compte qui vient d'être résumé, et d'autre part aux conditions particulières dans lesquelles ce dépôt à la Caisse des Dépôts et Consignations a été effectué.

En effet, l'on a pu voir, pour que la créance de l'Etat fut fixée à la somme de 358.392 68 restant due sur les avances faites pendant l'administration du séquestre, il a été tenu compte à ce dernier, en plus des 2.829.904 fr. 88 de dépenses payées directement par lui sur ces recettes pendant la deuxième période de sa gestion, des sommes qu'il avait versées dans la caisse de l'Etat, et qui provenaient, soit de ses recettes de la première période, soit de ses excédents de recettes de la deuxième; le tout formant jusqu'au **31 Janvier 1866,** une somme totale de 1.693.646 fr. 57.

Or, postérieurement à cette date, qui est celle où les comptes du séquestre ont été arrêtés (le décret d'incorporation de la ligne au réseau du Midi étant du 23 décembre 1865), il n'a plus rien été versé dans la caisse de l'État. C'est ce qui ressort de la lettre adressée le dit jour, 31 janvier 1866, par Monsieur le Ministre des Travaux publics à M. Martin, receveur du Séquestre, à Béziers (pièce 11), lettre dont il est bon de rappeler les termes :

« Je vous autorise volontiers à verser à la caisse de Monsieur le Receveur « des Finances les sommes provenant ou à provenir de l'exploitation des chemins de fer de Graissessac à Béziers.

« Il devra être, toutefois, spécifié dans les récépissés qui vous seraient « remis : que les dites sommes sont versées à titre de dépôt et pour être « ultérieurement attribuées à qui de droit. »

A partir de ce moment, se conformant aux indications qui précèdent, le séquestre a déposé les sommes qu'il recevait en raison de sa gestion antérieure, à la Caisse des Dépôts et Consignations; ainsi que le constate le certificat délivré par le préposé de cette caisse à Béziers (pièce 5).

Les versements auxquels s'applique ce certificat sont énumérés et motivés comme suit :

« Le 7 février 1866, par déclaration n° 164	120.000 »
« Le 21 — — — n° 1	30.000 »
« Le 3 mars — — n° 8	10.000 »
« Le 10 avril — — n° 18	23.000 »
« Le 15 mai — — n° 30	2.373 47
« Ensemble	185.373 47

« Montant des recettes provenant de l'exploitation du dit chemin de fer, « versées par M. Martin, receveur du séquestre, en exécution des prescriptions « de la lettre de Monsieur le ministre de l'Agriculture, du Commerce et des « Travaux publics, en date du 31 janvier 1866. »

La somme de 185.373 47 déposée dans les conditions et aux dates ci-dessus indiquées, et qui ne pouvait d'ailleurs être employée ou retirée qu'après les formalités prescrites par les lois et règlements, n'a donc pu être comprise dans celle de 1.693.646 57 antérieurement versée par le séquestre dans la Caisse du Trésor public et dont l'application au compte du dit séquestre, arrêté au **31 Janvier 1866,** a fait ressortir définitivement la créance privilégiée de l'Etat contre la faillite de la Compagnie du chemin de fer de Graissessac à Béziers, au chiffre de 358.392 68.

Tels sont les résultats de l'examen auquel j'ai procédé d'après les copies de pièces qui m'ont été communiquées et qui sont énumérées au début du présent.

Paris, le 31 Octobre 1902.

Signé : A. FLORY.

1, Rue de Lille.

Imp. Vve J. DENOLLE, 2 et 4, passage Véro-Dodat.

TABLE

PIÈCES JUSTIFICATIVES (N° 1 à 15)

ANNEXES